AV

Annemarie Taeger

Die Kunst, Medusa zu töten

Zum Bild der Frau
in der Literatur der Jahrhundertwende

AISTHESIS VERLAG

Bielefeld 1987

Abbildung auf dem Umschlag:
Fernand Khnopff (1858 – 1921): Das Blut der Medusa.
Kohle – um 1895 – 21,9 x 14,7.
Brüssel, Bibliothèque Royale, Cabinet des Estampes, Photo des Museums

Postfach 380, 4800 Bielefeld 1
Satz: digitron, Bielefeld
Druck und Bindearbeiten: AJZ-Druck, Bielefeld

ISBN 3-925670-07-6

Inhalt

EINLEITUNG

"Das weithin Vieldeutige bleibt übrig, das gärend halb–entschiedene, falsch entschiedene, unentschiedene Durcheinander und Ineinander am Weib, wie es die bisherige Gesellschaft in eine kommende einliefert. Es ist Sanftes und Wildes, Zerstörendes und Erbarmendes, ist die Blume, die Hexe, die hochmütige Bronze und die tüchtige Seele des Geschäfts. Ist die Mänade und die waltende Demeter, ist die reife Juno, die kühle Artemis und die musische Minerva und was noch alles. Ist das musikalische Capriccioso (Violinsolo in Straußens 'Heldenleben') und das Urbild des Lento, der Ruhe. Ist schließlich mit einem Bogen, den kein Mann kennt, die Spannung Venus und Maria. (...)
Als wären sie bloße Versuche und Namens–Experimente, in denen die Hauptsache noch keineswegs genannt und herausgebracht ist."[1]

Von der Vielfalt weiblicher Bilder, die in Literatur und bildender Kunst gängig sind, scheint das Ende des 19.Jahrhunderts die der "femme fatale" und der "femme fragile"[2] zu bevorzugen. Als Wandschmuck für den bürgerlichen Salon malt Franz von Stuck zunächst eine "femme fragile": 1889 entsteht das Bild "Innocentia". Die Unschuld erscheint als junge Frau, kindlich, fast knabenhaft, mit einer Lilie in der Hand (Abb.2). Zwei Jahre später malt Stuck eine "femme fatale", die "Sinnlichkeit". Eine mächtige Schlange windet sich um einen üppigen Frauenleib, der, mit vorgereckten Brüsten, sich dem Betrachter präsentiert. In mehreren Fassungen als "Sünde" (Abb.4) und "Laster" variiert, bleibt das Gesicht der Frau im Dunkel anonym, sie ist keine Person, sondern eben "Sinnlichkeit", "Sünde" und "Laster". "Die Schlange als verführerisches,

1) Ernst Bloch, Das Prinzip Hoffnung, Frankfurt/M. 1969, S.695 f.
2) Den Begriff prägte Ariane Thomalla in ihrer gleichnamigen Untersuchung: Die "femme fragile" – Ein literarischer Frauentypus der Jahrhundertwende, Düsseldorf 1972

wollüstiges, satanisches Wesen wird zum Symbol für die Frau, die damit selbst als teuflisch, als anziehend und verderbend zugleich, charakterisiert wird. Hinzu kommt die phallische Bedeutung der Schlange, die diese Darstellungen zu Sinnbildern von Sexualität schlechthin macht."[3] Ein bestimmter Vorstellungskomplex bemächtigt sich des weiblichen Körpers, addiert das ikonographisch geläufige Emblem und transportiert in dieser Form Werte und Urteile.
Der weibliche Körper als Transportmittel einer Idee hat eine lange Tradition, als Allegorie oder Symbol kann er alles Gewünschte veranschaulichen, Kirche oder Synagoge, Frau Welt oder Justitia. Wissenschaft und Künste, Wahrheit und Freiheit werben um Liebhaber durch Frauenkörper. Delacroix' "Freiheit"[4] schreitet mit entblößter Brust über Gefallene, Puvis' "Hoffnung"(1871) ist ein kleines nacktes Mädchen, das in einer felsigen Landschaft vor einer Ruine einen grünenden Zweig hochhält (Abb.1). – Die Reihe der Beispiele kann beliebig fortgesetzt werden. Der Symbolcharakter des weiblichen Körpers ist in der bildenden Kunst offensichtlich. In der Literatur dagegen verbindet ein Bild sich mit bestimmten Eigenschaften zu einem "Charakter", der ein Eigenleben gewinnt und das weibliche Bild als Person erscheinen läßt. Die Stereotypen weiblicher "Charaktere", die dem Leser in der Literatur der Jahrhundertwende begegnen, legen den Schluß nahe, sie unter dem Aspekt der Typisierung zu betrachten und nach deren möglicher Bedeutung und Ursache zu fragen. Dabei sollte nicht der Weg eingeschlagen werden, eine Figur auf den Verfasser zurückzuführen und in dessen

3) Symbolismus in Europa, Ausstellungskatalog der Baden-Badener Ausstellung 1976, S.222 f. (Text und Bilder)

4) Vgl. Dolf Oehler, Liberté, Liberté Chérie, in: Georg Büchner, Dantons Tod – Die Trauerarbeit im Schönen, Frankfurt/M. 1980, S. 97: "Betrachtet man die Tradition der Freiheits–Allegorie, so wird deutlich, daß deren Diskurs über die Revolution stets einen Diskurs über die Rolle der Frau und der Erotik in der neuen Gesellschaft enthält oder voraussetzt, und daß dieser letztere Diskurs psychoanalytisch gesehen stets regressiv und politisch gesehen stets mehr oder minder reaktionär ist."
Für Karl Kraus ist die Sprache ein Weib. Vgl. Manfred Schneider, Die Angst und das Paradies des Nörglers – Versuch über Karl Kraus, Frankfurt/M. 1977, S.153 ff.

Biographie nach Erklärungsmustern zu suchen.[5] Gerade weil der Typus der femme fatale oder der der femme fragile zum Gemeinplatz wurden, können sinnerhellende Zusammenhänge nicht aus Privatem gewonnen werden. In den folgenden Analysen wird der Versuch unternommen, weibliche Figuren als kollektive Wunschbilder aufzufassen, eingebettet in ein Verständnis, das Literatur als Wunschproduktion und Wunscherfüllung[6] begreift. Daß Literatur zu dieser Zeit selbst unter dem Gesichtspunkt der Wunscherfüllung gesehen wurde, zeigt eine (literarische) Äußerung Barrès': "In der Tat stellt sich das Kunstwerk zur Aufgabe, in einer erschöpfenden Form und mit übermittelnder Gefühlsanregung Seelenstände zusammenzufassen und uns daran teilnehmen zu lassen, als Entschädigung dafür, daß wir weder die innere Kraft, noch Gelegenheit hatten, diese zu erleben."[7] Die Kunst tritt ein für ein Bedürfnis, das in der Realität geweckt, aber nicht mehr befriedigt werden kann. Die vorgestellte Empfindung ersetzt die spontane, wobei nicht nur eine Verschiebung vom Realen zum Imaginierten, sondern auch eine Veränderung in der psychischen Besetzung stattfindet: das Gefühl wird dem Objekt als eigenständigem entzogen und zurück aufs Ich gelenkt. "Jedes Ding, jedes Objekt gewinnt seinen alleinigen Wert daraus, daß es im Subjekt ein Gefühl auslöst – der Wert ist im Gefühl enthalten, nicht im Objekt. Der Wert verleiht nur meinem Gefühl Glanz und Farbe, noch mehr: erst das Gefühl konstituiert die

5) Immer wieder werden literarische Produktionen auf die mögliche Pathologie ihrer Verfasser zurückgeführt. Diese Deutungen werden weder dem Text noch dem Autor gerecht. Vgl. dazu Jens Malte Fischer, Fin de siècle – Kommentar zu einer Epoche, München 1978, S.64 f.; Ariane Thomalla, a.a.O., S.62 ff.; Mario Praz, Liebe, Tod und Teufel – Die schwarze Romantik, München 1963, S.274 ff. – Es scheint auch wenig sinnvoll, eine Figur wie Salome lediglich als Höhepunkt "dekadent–satanischer Perversität" zu klassifizieren. Vgl. Richard Hamann, Jost Hermand, Impressionismus – Deutsche Kunst und Kultur von der Gründerzeit bis zum Expressionismus, Berlin 1960, S.181

6) Vgl. dazu Christian Enzensberger, Literatur und Interesse I, München, Wien 1977, S.70 ff.

7) Maurice Barrès, Die Legende einer Kosmopolitin, in: Du sang, de la volupté et de la mort (dt. von A.v.Kühlmann), Berlin 1918, S.298

'Gegenständlichkeit'."[8] Mit dieser Definition des allein vom Subjekt bestimmten Empfindungswertes ist sowohl das Programm symbolistischer Literatur, als auch der Ansatz meiner Interpretation der literarischen Texte umrissen. Jean Moréas schreibt im "Symbolistischen Manifest": "Der symbolistische, Reizempfindungen vermittelnde Roman beruht auf dem Grundsatz der subjektiven Deformation: daß die Kunst in der objektiven Erscheinungswelt lediglich einen äußerst einfachen Ausgangspunkt suchen könne."[9] Die Zurichtung der Welt nach den Bedürfnissen des Ich wird zum künstlerischen Mittel erhoben und bezeichnet die ersehnte Verfügungsgewalt über die Welt der Objekte. "Die Sonne spielt auf goldnem Frauenhaar /Für mich (...) /Was ich erkenne, ist mein Eigentum".[10] Was in der literarischen Produktion als Objekt vorgestellt wird, ist das vom Subjekt Abgespaltene und trägt dessen Züge. Mit dem Begriff der Projektion ist dieser Vorgang exakt beschrieben. Er faßt die von Moréas in die bewußte Abhängigkeit des Subjekts gestellte Deformation als eine aus diesem hervorgetriebene, jedoch gesamtgesellschaftlich produzierte. So sind in den Kunstwerken bewußte und unbewußte, individuelle und gesellschaftliche Vorstellungen verknüpft.

Die Frauenbilder nehmen innerhalb der gesamten "Bild"-Produktion eine zentrale Stelle ein: an ihnen treten Selbst- und Weltbezüge in Erscheinung. Die Frau als Subjekt gewinnt nur einen scheinbaren Eigenwert, sie fungiert vielmehr als Symbol. (Vgl. dazu Abb. 6.) Da dieses mit den jeweils für den Schreibenden bedeutsamen Inhalten versehen wird, kann die Frau selbst nicht interpretiert werden. Sie ist universale Leerstelle. In einer Dopplung von Wunsch und Befürchtung signalisiert sie Teile des Männlichen, die aus dem Selbstverständnis des Mannes ausgegrenzt werden muß-

8) Agnes Heller, Theorie der Gefühle, Hamburg 1980, S.292

9) Jean Moréas, Symbolistisches Manifest, zit.n. Hans H.Hofstätter, Symbolismus und die Kunst der Jahrhundertwende, Köln 1978, S.229

10) Hugo v.Hofmannsthal, "Für mich", in: Gesammelte Werke in 10 Bdn., Gedichte, Dramen I, Frankfurt/M. 1979, S.91

ten.[11] Diese Anteile tragen das Zeichen des "Natürlichen": "Als Repräsentantin der Natur ist die Frau in der bürgerlichen Gesellschaft zum Rätselbild von Unwiderstehlichkeit und Ohnmacht geworden."[12]

Im gleichen Maße, wie dieses "Natürliche" als Bedrohung empfunden wird, nimmt das Bild der Frau medusenhafte Züge, der Akt der Ausgrenzung unzulässiger Komponenten des männlichen Selbst aggressive oder destruktive Formen an. Was der Heros im Spiegel seines Schildes erblickt, ist sein eigenes, angst– und wutentstelltes Gesicht. Der Mythos gebietet, daß Medusa sterben muß, wenn Pegasus das Licht der Welt erblicken soll. Die Selbstbestätigung des Künstlers im Werk folgt objektiv dem gleichen Muster, mag sie sich subjektiv als sadistische Handlung, als Entlastung oder als Akt der Notwehr begreifen. Keine Epoche ist so zwanghaft in der Befolgung dieses (Ab–)Tötungsrituals, keine zugleich so erfinderisch in der Ästhetisierung und immer neuen Variation seiner Formen wie das ausgehende neunzehnte und das beginnende zwanzigste Jahrhundert.

---

11) "Unter dem Druck der Konfrontation mit seiner eigenen antinomischen Realität verhängt es [das Bewußtsein] wider Willen eine Reflexions– oder Erfahrungshemmung über sich: es spaltet, bevor es es aus sich herauswirft, das mit seiner Identitätsbestimmung scheinbar nicht übereinstimmende Element von dem ab, von dem es annimmt, daß es ausschließlich seine Identität positiv konstituiert." Gerhard Gamm, Der Wahnsinn in der Vernunft. Historische und erkenntniskritische Studien zur Dimension des Anders–Seins in der Philosophie Hegels, Bonn 1981, S.70

12) Max Horkheimer, Theodor W.Adorno, Dialektik der Aufklärung, Frankfurt/M. 1973, S.66

DER PREIS DER HERRSCHAFT: EXORZISMUS DES BEGEHRENS

Gerhart Hauptmann: "Kaiser Karls Geisel" – Hugo von Hofmannsthal: "Der Kaiser und die Hexe"

Das 1906–1907 entstandene Drama "Kaiser Karls Geisel" nennt Hauptmann ein Legendenspiel. Das Wunder, das diese Bezeichnung rechtfertigt, liegt in der Bekehrung der sächsischen Geisel Gersuind, die in ihrer Todesstunde christliche Religion und fränkische Herrschaft anerkennt.[1]

Die junge und schöne Gersuind, deren offenes blondes Haar fast bis zur Erde reicht, reizt Karl, der sie als Geliebte allein besitzen will, durch die Äußerungen eines eigenen Willens: sie verlangt Freiheit. "Nach meinem Wohlgefallen laß mich leben..."[2] Der Konfliktstoff des Stücks entspringt scheinbar ihrer Weigerung, Karls Wünsche zu erfüllen. Magister Alcuin, ein Freund Karls, diagnostiziert: "denn was sein Übel furchtbar macht, ist dies: /(...) sie blieb ihm fremd und er bezwang sie nicht! /(...) und dort, wo seine Sinne bettelten, /ich möchte sagen, winselten nach ihr, /hielt ihn, unbeugsam, eigner Stolz zurück."[3] Karl begehrt sie, seine Leidenschaft will aber gleichzeitig herrschen: sie soll so sein, wie sein Wunsch sie sieht. Diese Problematik wird aber nicht in Karls Charakter entfaltet, sondern an der Gestalt der Gersuind festgemacht. Ihre Erscheinung setzt Karl mit Reinheit und Unschuld gleich, er gibt ihr "das Antlitz einer Heiligen"[4] und will sie so auf Keuschheit und Tugend ver-

1) Gerhart Hauptmann, Kaiser Karls Geisel, in: Das dramatische Werk in vier Bdn., Bd.2 Frankfurt/Main, Berlin, Wien 1974: "Sie starb, versöhnt mit Gott" (S.814). – "...rief /(...) den Namen ihres Königs Karl und starb" (S.813).

2) ebd., S.745

3) ebd., S.806

4) ebd., S.739

pflichten. Sie wehrt sich gegen diese Beschränkung: "nennt mich, wie's euch gefällt, nur keine Heilige, /denn alles wollt' ich lieber sein als das!"[5]
Ihre Selbstbestimmung wird nach Maßgabe der Moral des Herrschenden zum Bösen, das es auszutilgen gilt.[6] Die Wut und Empörung Karls, daß sie nicht seinem Bild entspricht, ist zu messen an seinen Mordphantasien: "Wer hindert mich, daß ich (...) /deine weiße Kehle /eindrücke, bis auch deine Macht erstickt /und nur der reine, süße, keusche Leib, /nicht mehr mißbraucht von der verfluchten Seele, /in meinen Händen bleibt!?"[7]
Hier ist dreierlei ausgedrückt. Die Macht, die sie besitzt, die ihn fesselt,[8] kehrt das Verhältnis, das er wünscht, um. Er will der Gewährende sein, der Mächtige, der Wissende[9] und fühlt sich von ihr in die Position des Empfangenden versetzt: "Ihr redet/ zu viel, ihr Männer! schweigt doch still und nehmt/ nur schweigsam hin und fromm, was man euch gibt."[10] Während sie zu Karl spricht, setzt sie ihn mit anderen Männern gleich, reiht ihn ein unter die Anwärter ihrer Liebe, die sie spendet, und stellt damit die Hierarchie auf den Kopf.
Weiter gibt dieser Satz zu verstehen, daß Karl ihren Körper und ihre Seele getrennt wahrnimmt, sie sogar als entgegengesetzt empfindet. Ihr Körper, von ihrem Wesen und ihrem Verlangen als Wunschbild abgesondert ("der reine, süße, keusche Leib") ist allein das Objekt der Begierde. Die Absicht der Tötung zielt auf eine Vernichtung ihrer Lebendigkeit und ihrer Selbstbestimmung. Den Körper möchte Karl dabei erhalten. Der Tötungswunsch steht somit im Dienst der Aneignung, er kann als eine gesteigerte Maßnahme,

5) ebd., S.775
6) "...für dich und deinesgleichen eines nur: /den Strick!" (ebd., S.762)
7) ebd., S.764
8) "...'s ist 'ne Krankheit" (ebd., S.751), und noch nach ihremTode: "...sie zieht mich nach sich (...) ich /bin ein Gefangner..." (ebd., S.812)
9) "...du weißt /nicht, wer du bist— noch weniger, wer ich bin: /doch beides weiß ich, weiß es, und ich lasse /dennoch (...) nicht die Hand von dir!" (ebd., S.766)
10) ebd., S.764

sie zum Eigentum zuzurichten, aufgefaßt werden. Sie bleibt dann in seinen Händen, zwar nicht mehr in "Gärtnerhänden", wie er es sich ausmalt,[11] aber unwiderruflich in seiner Verfügungsgewalt, die in der Metapher des Wurzelns schon anklingt und von Gersuind in ihrer Antwort darauf richtig pariert wird: "Ich muß nur, wie die Lieblingsblume /des Kaisers Karl, stockstill im Beete stehn."[12]
Dieser letzte Punkt, das Besitzenwollen, verbindet sich mit Eifersucht und Rachlust. Das Gefühl der Ohnmacht schlägt um in Demonstration der Stärke, die, da sie eine Kompensation ist, von einem Objekt zum anderen springen kann: Gersuinds Tod oder der ihrer vermeintlichen Liebhaber sind austauschbar.[13]
Die Auflösung seiner Bedrohtheit wäre die Preisgabe ihrer "Macht", ihrer Erotik und ihrer Erfahrung. So will er sie wieder zur Jungfrau machen, "entsühnen"[14] daß sie "...in Furcht /den keuschen Schatz der Himmelskönigin /bewahrend ..." wieder zum "reinen Spiegelbilde der Gnadenmutter"[15] wird durch die Unterwerfung unter seinen Willen.[16]
Hier verschränkt sich das persönliche Motiv mit einem religiös–moralischen Argument. Ihre Sinnlichkeit kann Karl nur als Greuel werten, als ein Im–Kot–Wälzen.[17] Karls Verdammung stehen die noch schärferen Verurteilungen des Kanzlers und des jungen Grafen Rorico zur Seite. Der Kanzler bezeichnet Gersuind von Beginn an als Hexe,[18] verfolgt dabei offensichtlich politische Ziele: er fürchtet ihren Einfluß auf den Kaiser, der, mit ihr beschäftigt, sein Kriegshandwerk vergißt. Die Ermordung Gersuinds durch den Kanzler Ercambald führt Hauptmann mit machtpolitischen Motivationen

11) "In diesem Garten sollst du wurzeln" (ebd., S.766)
12) ebd., S.767
13) "...so finden meine Häscher Arbeit, meine /Henker für ihre Galgen was zu tun (...) /die Namen jener Wüstlinge, (...) die ruchlos mit dir sündigten! (...) /tot! tot! tot!" (ebd., S.765)
14) ebd., S.767
15) ebd., S.767
16) "...wenn du dich meinem reinen Willen fügst" (ebd., S.767)
17) ebd., S.793
18) ebd., S.736

ein, Argumente und Gefühlsausbrüche (bei Ercambald und Karl) lassen aber den sexuellen Charakter der Beweggründe zu ihrer Vernichtung erkennen. Eine Szene, die der Kanzler seinem Kaiser mit der Absicht der Aufwiegelung erzählt, zeigt Gersuind in einer Schenke tanzend, "...nackt! /mit nichts bekleidet als mit ihren Haaren"[19]. Fast hätte auch er dem "Drudenzauber" nicht widerstehen können. Die "bacchisch Schäumende", die den "Fürst(en) des Abgrunds"[20] auf den Plan ruft, also gleichzeitig mit dem Teufel und den heidnischen Göttern im Bunde steht, verführt die anwesenden Männer zu einem sinnlichen Taumel ("Keuchen, wildes Stampfen")[21]. Sie "taten so mit ihr ..."[22] – was, kann Ercambald nicht sagen, da Hauptmann die Szene im Dunkeln enden läßt.
Gersuinds Verhalten zerstört vollständig die Ordnung der Herrschaft, deren Voraussetzung im unantastbaren Besitz von Menschen und Dingen liegt. Gersuind, die als Geisel nach dem Recht des Eroberers dessen totaler Verfügungsgewalt untersteht, durch eine Laune ihres Beherrschers "frei", mißachtet auch noch die Gesetze, unter denen alle "Freien" – und schon gar die Frauen – stehen. Zum Verbrechen der sexuellen Selbstbestimmung kommen Promiskuität und Leugnung der gesellschaftlichen Hierarchie hinzu. "Fischer, Handwerksknechte (...) Maurer, Welsche"[23], die Gäste der Schenke, in der sie tanzte, sind für sie auch nur Männer[24], die sie höchstens in alte und junge aufteilt[25].

Ihre programmatische Haltung: "Sünde gibt es nicht"[26], ihre Unbefangenheit, bar jeder Sozialisationshemmung: "Was faselt ihr nur

19) ebd., S.787
20) ebd., S.787
21) ebd., S.787
22) ebd., S.788
23) ebd., S.787
24) "Für sie sind alle Männer: Leute! und /so leider alle Leute Männer auch" (ebd., S.774)
25) Zu Karl sagt sie: "Du bist ein alter Mann" (ebd.., S.745), als er sie fragt, ob sie denn wisse, wer er sei.
26) ebd., S.776

von Schamhaftigkeit?!"[27], zeigt sie als ein Wesen, das aus seinem historischen Kontext fällt, ja gerade den Gegenpol dazu bilden soll. Sie ist die Verkörperung der Negation herrschender Sitte, die durch die geschichtlich umrissene Gestalt Karls und seines Hofes aufgebaut wird. Die Konfliktlokalisierung (sächsisch–heidnische gegen fränkisch–christliche Welt) wird durch Karls eigenen Hinweis auf die Sitte ihres Landes, sexuelle Verbotsübertretungen brutal zu ahnden, hinfällig.[28] Die Bilder, in denen Gersuind geschildert wird – "... noch nie /sah ich ein Blendwerk diesem gleich, noch nie /die Glorie der Reinheit so getreu – /erlogen (...) /Wie Läuterströme rinnt's von dieser Stirn: /was doch nur Gifthauch, Graun, Verderbnis ist"[29] –, bleiben blaß und abstrakt, deuten trotz der christlich–metaphorischen Ausdrucksweise mehr auf unkonkrete und ahistorische psychische Konstellationen.
Roricos Bericht über seine Empfindungen bei Gersuinds Werben verstärkt diesen Eindruck. "Sie lief mir nach (...) /es kam – /sosehr ich sonst ein Mann bin! – über mich /wie Abscheu ... mehr wie Abscheu noch: wie Furcht!"[30] Sie exemplifiziert die Verlokkung und den Schrecken, den Wunsch und die Angst. Zweimal wird das Fremde an ihr betont, das die Verlockung ausmacht und gleichzeitig alle Abwehr und Vernichtungswünsche mobilisiert: "Fremd schien ihr Wesen mir! aus Fremdem mächtig!"[31] und: "...sie blieb ihm fremd, und er bezwang sie nicht!"[32]
Diese Ambivalenz der Gefühle hat sich im Bild der Hexe objektiviert, die das Fremde, Mächtige, Trügerische darstellt und aus den Gefühlen des Mannes lebendig wird. Gersuind sagt zu Karl: "Wer zögert, eh er an die Brust mich reißt, /der läßt vielleicht zu mir dem Würger Tod /den Vortritt (...) /denn brennen muß ich, oder

27) ebd., S.777
28) "...man gibt der Jungfrau, die sich wegwarf, /die Wahl, sich eigenhändig zu erdrosseln, /oder die Weiber peitschen sie durch Flecken /und Höfe, nackt, bis sie in Schmach verzuckt" (ebd., S.762)
29) ebd., S.756
30) ebd., S.757
31) ebd., S.757
32) ebd., S.806

ich erkalte."[33]
In Hofmannsthals Spiel "Der Kaiser und die Hexe" (1897) befreit sich der Kaiser, der Herrscher über die "Tausende der Tausend"[34], die ihre Ämter von ihm empfangen, von der Hexe, diesem "Teufelsblendwerk"[35], indem er sie sieben Tage und Nächte nicht anrührt. Damit ist ihre Macht gebrochen, und mit dem letzten Strahl der untergehenden Sonne zerfällt ihre Schönheit. "Kröte! Asche! Diese Augen /Werden Schlamm, Staub wird dein Haar, /Und ich bleibe, der ich war."[36] Die Hexe in dieser Darstellung ist genau wie Gersuind abhängig von der Liebe, die ihr entgegengebracht wird, aus ihr heraus gewinnt sie allein Existenz. Sie ernährt sich von der Begierde des Mannes, von seinem Blut. Bei Hauptmann heißt es: "daß ein Dämon dich austrinkt, das Blut dir aussaugt..."[37], bei Hofmannsthal: "Mein Blut ist voll von ihr! /Alles: Hirn, Herz, Augen, Ohren! /In der Luft, an allen Bäumen /Klebt ihr Glanz, ich muß ihn atmen."[38] Gersuind und die Hexe sind aus sich heraus nicht mächtig, sie gewinnen die Macht lediglich aus dem Verlangen des Mannes. Sie sind dies Verlangen.

Übereinandergelagert werden zwei Ebenen des Geschehens sichtbar. Die äußere Geschichte handelt von der Verliebtheit Karls in eine Frau namens Gersuind, die, seiner Liebe unwürdig, weil sie seinen Wünschen nicht folgt, verstoßen wird. Diese Sichtweise teilt Gersuind in zwei Aspekte auf: die liebenswerte Fassade und das verab-

33) ebd., S.792
34) Hugo von Hofmannsthal, Der Kaiser und die Hexe, in: Gesammelte Werke in 10 Bdn.; Gedichte, Dramen I, Frankfurt/Main 1979, S.492
35) ebd., S.482
36) ebd., S.481
37) Gerhart Hauptmann, Kaiser Karls Geisel, a.a.O., S.816
38) Hugo von Hofmannsthal, Der Kaiser und die Hexe, a.a.O., S.479

scheuungswürdige Innenleben.[39] Aus dieser Aufspaltung lebt die äußere Dramatik des Stückes. Neben dieser Zweiteilung in "gut" und "böse", zeigt die Gestalt Gersuind einen scheinbar differenzierten Personencharakter und einen abstrakten Bildcharakter. Als handelnde Person findet sie ihren Platz in den Schilderungen anderer; da, wo sie selbst auftritt und spricht, erscheint sie dagegen radikal programmatisch und nimmt sich so als Charakter mit spezifischen und historisch lokalisierbaren Eigenschaften aus dem Spiel. Aus der Person wird eine Idee oder besser ein Bild, das bestimmte Vorstellungen und Wünsche in sich vereint.

Dieses Bild ist deshalb interessant, weil es in sich widersprüchlich ist. Wäre Gersuind, noch einmal als Person genommen, "unschuldig, keusch und treu", so wie Karl – seinen Verlautbarungen zufolge – sie sich wünscht, "...wär' es gegangen wie es immer ging: ein Kaisersöhnlein mehr! und damit gut! was weiter? nichts!"[40] Der unterworfene Besitz hätte seinen Reiz verloren.

So stehen sich, wie zu Anfang angedeutet, zwei Wünsche feindlich gegenüber: der nach Erhaltung der Leidenschaft und der nach Unterwerfung und damit Entschärfung der Leidenschaft. In "Der Kaiser und die Hexe" wird die Leidenschaft als Selbstverlust beschrieben. Wenn der Kaiser die Leidenschaft und damit die Frau überwunden hat, ist er sich "selbst zurückgegeben"[41]. Er wird wieder zu dem, was er vorher war[42]: ein Herrscher.

Hier klingt schon die Verknüpfung von Herrschaft und Selbstbeherrschung an, solche Selbstbeherrschung läßt, nach außen gekehrt, die erotische Frau zur Jungfrau werden. Daß es sich um einen Prozeß handelt, der sich im Innern des Herrschers vollzieht, zeigt auch

39) In Hofmannsthals Einakter werden diese beiden Anteile getrennt in zwei "Personen" dargestellt. Die Unbedrohliche, die sexuell Reizlose, lebt als seine Frau still neben ihm her; die Zeugung ihrer Kinder war so ungeschlechtlich ("wie von einer kleinen Quelle /hergespült, wie aufgelesen /von den jungen, grünen Wiesen", ebd., S.504), daß seine Frau ihm ewig jungfräulich, kindlich bleibt: "welch ein Kind du bist..." (ebd., S. 504).

40) Gerhart Hauptmann, Kaiser Karls Geisel, a.a.O., S.806

41) Hugo von Hofmannsthal, Der Kaiser und die Hexe, a.a.O., S.505

42) Vgl. ebd., S.481

dessen Reflexion: "Diese Welt... doch innen, innen /Ist die Tür, die nichts verriegelt!"[43] Er muß die Kontrolle aufbringen über seine eigenen Wünsche, die ihm wie das Innere eines Labyrinths vorkommen.[44] Er sagt zu der Hexe: "Wußtest du nie, daß ichs wußte, /Welches Mittel mir gegeben, /Abzureißen meinem Leben /Die Umklammrung deiner Arme /Sichrer als mit einem Messer?"[45] Daß die Tötung der äußeren Gestalt nichts fruchtet, erfährt er, als die scheinbar Getötete in neuer Gestalt wieder zu ihm zurückfindet.[46] Erst nachdem er sie in sich selbst ausgerottet hat, besteht keine Möglichkeit ihrer Neubelebung mehr. Mit dem Tod der Hexe, mit dem Tod seiner Leidenschaftsfähigkeit (die sich in der dämonisierenden Verkleidung schon als verdrängte erweist) endet auch seine Fähigkeit zur affektiven Besetzung der äußeren Realität: "...und den Dingen /Ihre Flamme ausgerissen, /Jede Zeit und jeder Ort /Tot, das Glühen alles fort..."[47] Nach der Vernichtung der anteilnehmenden Emotion verwandeln sich Menschen und Dinge in tote Objekte, das Verhältnis zu ihnen ist eines der Herrschaft. Nach Gersuinds Tod klagt Karl, daß "die Welt/ zerriß und mitten durch (sein) Herz der Riß/ sich zieht."[48]
Die innere Zerstörung zeitigt unmittelbar den Drang nach äußerer. So endet Hauptmanns Drama mit dem Schlachtruf des Kaisers: "der alte Kriegsknecht Kaiser Karl/ schreit (...) nach Waffenlärm! nach Männerkampf! nach Krieg!"[49]

Die beiden Frauengestalten in Hauptmanns "Kaiser Karls Geisel" und in Hofmannsthals "Der Kaiser und die Hexe" erscheinen dämonisch. Gersuind, die "bacchisch Schäumende", schlägt Karl in ihren Bann ebenso wie die Hexe, die als nichtmenschliches Wesen keinen anderen Namen trägt, den Purpurgeborenen in ihrer Gewalt

43) ebd., S.480
44) ebd., S.481
45) ebd., S.480
46) Vgl. ebd., S.493ff, S.504ff
47) ebd., S.483
48) Gerhart Hauptmann, Kaiser Karls Geisel, a.a.O., S.817
49) ebd., S.818

hält. Beide Männer werden mit unüberbietbarer Machtfülle ausgestattet und unterliegen einer Frau oder genauer: ihrem Verlangen nach ihr.[50] Die Leidenschaft, die die beiden Herrscher ergreift, läßt sie abhängig werden von einer Macht, die sie selbst nicht zu repräsentieren scheinen. Über ihnen thront nur Gott, dessen Prinzip sie vertreten, alles Irdische ist ihnen untergeben und von ihnen abhängig. In diese Ordnung drängt sich durch ihre Leidenschaft ein Fremdes, das in die Hierarchie nicht integrierbar ist und sie daher zu sprengen droht. Das Begehren ist nicht nur als temporäre Herrschaftsunterbrechung zu fassen, sondern stellt Herrschaft grundsätzlich in Frage. Der Verlust der Selbstbeherrschung ermöglicht die Fremdbestimmung. Da die Göttlichkeit im Bund ist mit der Herrschaft, kann deren Durchkreuzung nur eine gegengöttliche, teuflische Machenschaft sein. Die Frau, die im Wunsch des Mannes so viel Raum einnimmt, daß er sich von ihr beherrscht glaubt, kann nicht positiv besetzt werden, da sie sein Identitätsmodell, das selbst auf Beherrschung beruht, zunichte macht. (Vgl. dazu Abb.12.) Die Antinomie, die daraus entsteht – das Liebesobjekt wird gleichzeitig begehrt und, um der Folgen willen, zu vernichten gesucht – läßt eine Erfüllung der Leidenschaft unmöglich werden. Die immer wieder zu konstatierende Verbindung von "Eros und Thanatos" hat in dieser Konstellation ihren Ursprung.

Männliche Selbsterhaltung auf der Basis der Autonomie muß zwangsläufig erotische Wünsche, die über die Eigenbesetzung hinausweisen, als Eingeständnis der Bedürftigkeit[51] interpretieren.

50) "Seine Sinne (...) winselten nach ihr...", ebd., S.806; "Wund vom immer gleichen Bild /Ihrer offnen weißen Arme...", Hugo von Hofmannsthal, Der Kaiser und die Hexe, a.a.O., S.479

51) "Das Begehrende begehre, wessen es bedürftig ist (...) Begehrt und liebt (Eros) das, was er begehrt und liebt, dann, wenn er's besitzt, oder wenn er es nicht besitzt? – Wenn er es nicht besitzt, augenscheinlich (...)" – Platon, Das Gastmahl, Stuttgart 1971, S.71. "Wenn du sagst: 'Ich begehre etwas, was ich habe', ob du nicht dies meinst: 'Ich will das, was ich gegenwärtig habe, auch in Zukunft haben' (...) heißt das dann nicht jenes lieben, was einem noch nicht bereitet ist und man noch nicht hat? – Gewiß, sagte er. – " ebd., S.72

Diese ist nur durch die Einverleibung zu kompensieren; das Zum–Eigentum–Machen soll vor einem Abfließen der Macht in fremde Kanäle schützen. Die Aneignung des begehrten Objekts verwandelt es in einen Bestandteil des Begehrenden und hebt den Zustand des Begehrens auf. Dieses wird erst durch eine Gefährdung des Besitzes wieder aktualisiert, Nebenbuhler sind daher in diesem System so erwünscht wie gefürchtet. Gersuind und die Hexe erfüllen die Bedingung, die sie begehrenswert erhält: sie lassen sich nicht in Besitz nehmen. Die Bedrohung, die in der möglichen Zuwendung anderer Männer liegt, bleibt präsent: "Faune, ekelhafte Faune /Küssen sie! die weißen Hände /Toter, aus dem Grab gelockter /Heiden sind auf ihr (...) /Ich ertrag es nicht, ich reiße /Sie hinweg."[52] Ihrer Werterhaltung korrespondiert aber ihre Verteufelung, die auch ein Resultat des männlichen Leidens an der eigenen Bedürftigkeit ist. Das Begehren selbst macht das Begehrte suspekt, das sich nicht dem Herrschaftswillen beugt. Karl vergleicht Gersuind mit Luzifer: "...der Satan war ein Engel Gottes (...) er wollte sein wie Gott! (...) und Gott verstieß ihn ..."[53], so wie Karl die Frau verstößt, die so sein wollte wie er – frei in Selbstbestimmung. Die Forderung nach Ebenbürtigkeit ist Todsünde, sie stellt das Monopol auf Allmacht in Frage, das der Gott ebenso verteidigt wie sein Stellvertreter auf Erden.

Als göttliches – oder männliches – Geschöpf[54] untersteht die Frau den Gesetzen der Ordnung, die ihr den Platz der bedingungslosen Unterordnung zuweisen. Empört sie sich, fällt sie, wie Luzifer, aus der Ordnung, wird zur Vollstreckerin der Unordnung. Das Böse, die Leidenschaftlichkeit, Revolte und Chaos wachsen im Namen der Herrschaft zu Synonymen. Nachdem der Kaiser der Hexe abgeschworen hat, kniet er zu einem Dank– und Bittgebet nieder: "Herr, der unberührten Seelen /Schönes Erbe ist ein Leben, /(...) denen eines, Herr, gegeben, /Die dem Teufel sich entwanden /

52) Hugo von Hofmannsthal, Der Kaiser und die Hexe, a.a.O., S.483

53) Gerhart Hauptmann, Kaiser Karls Geisel, a.a.O., S.817

54) Es sei nochmals daran erinnert, daß Gersuind beides ablehnt: "Ich bin ein Kind von eurer Eva nicht ..." (ebd., S.777); zu Karl: "Ich mag nicht deinen Käfig, deinen Kerker, /der mich vom Leben ausschließt ..." (ebd., S.792).

Und den Weg nach Hause fanden."[55]
Die Leidenschaftlichkeit muß verteufelt werden, weil sie sich an die Stelle der Welt setzen will: "Nicht die goldne /Weltenkugel deines Reiches /kann sie füllen, nicht die Welt /Füllt den Raum, den meine beiden /nackten Füße schimmernd füllten!"[56] So wie Gott und Teufel stehen sich Herrschaft und Leidenschaft antagonistisch gegenüber. Die Überzeugung von ihrer Unvereinbarkeit entspringt dem System der Herrschaft, in der geschilderten Konzeption von Leidenschaft ist es immer schon zugegen. Die Dämonisierung des Erotischen ist daher nicht vor allem ein nachträglicher Akt ihrer Abwehr, sondern das Erotische kann nur in der Gestalt des Dämonischen gewünscht werden. "Die einzige und höchste Wonne der Liebe liegt in der Gewißheit, das *Böse* zu tun."[57]
Die "gefährlichen" Frauen sind Produkte des Wunsches nach Überwindung des Bestehenden und doch nur dessen Antithese. Werden sie als utopische Verheißung von Lust interpretiert, darf nicht vergessen werden, daß sie aus der Not entspringen. Der Umgang mit ihnen trägt daher den Stempel des Kampfes. "Furchtbares Spiel, bei dem der eine Spieler die Herrschaft über sich verlieren muß."[58]

55) Hugo von Hofmannsthal, Der Kaiser und die Hexe, a.a.O., S.507
56) ebd., S.482
57) Charles Baudelaire, Lichtblitze, in: Intime Tagebücher und Essays, München 1978, S.15
58) ebd., S.15

BÜRGERLICHER ZIRKUS: DIE DRESSIERTE NATUR

Frank Wedekind: "Erdgeist" – "Die Büchse der Pandora"

Mit Lulu, der Hauptfigur der Dramen "Erdgeist" (1893/4) und "Die Büchse der Pandora" (1892–1901), kommt eine Figur auf die Bühne, die im Prolog als "Urgestalt des Weibes"[1] angekündigt wird. Ein Tierbändiger lädt das werte Publikum ein, in der Zirkusmanege einen Schaukampf mitzuerleben, in dem die Überwältigung der "unbeseelte(n) Kreatur (...) durch das menschliche Genie"[2] vorgestellt wird. Das Weib, "Schlange"[3] und "süßes Tier"[4], spielt den Part der Kreatur. Es wird ermahnt, nicht aus seiner Rolle zu fallen, nicht durch Eigenwilligkeit dem Publikum die Freude an "des Lasters Kindereinfalt"[5] zu verderben. Wer als Urgestalt des Weibes auftreten will, muß sich also darauf verstehen, süß, gefährlich und einfältig zu scheinen, um dem "Genie" die Möglichkeit der Profilierung zu bieten. Der Clou der Dressur besteht ja darin, das gezähmte Tier wieder als ein gefährliches vorzuführen. Durch dieses Vorspiel wird die Regie verraten, Lulus Siege sind Scheinsiege, die Frage: "Wer bleibt am Ende Sieger?! –"[6] richtet sich an das Publikum, um ihm Spannung zu verheißen und es gleichzeitig zu beruhigen, daß nichts Unvorhergesehenes passieren kann: "Hopp, Aujust! Marsch! Trag sie an ihren Platz –"[7]. Wedekinds Bosheit besteht darin, ein beliebtes Bürgerspiel zu decouvrieren. Die kitzelige Un-

1) Frank Wedekind, Erdgeist, Die Büchse der Pandora, München o.J., S.19
2) ebd., S.17
3) ebd., S.18
4) ebd., S.19
5) ebd., S.19
6) ebd., S.19
7) ebd., S.19

terhaltung mit der femme fatale ist Zirkus. Der Afrikareisende Prinz Escerny sagt es ungeniert: "Wenn ich mich jetzt danach sehne, mich ohne irgendwelchen Vorbehalt der Gewalt einer Frau zu überliefern, so ist das ein natürliches Bedürfnis nach Abspannung."[8] Sein Wunsch nach Unterwerfung wird ihr als Herrschaft verkauft: Den Mann zu befriedigen soll ihre einzige Befriedigung sein. Escerny: "Können sie sich ein höheres Lebensglück für eine Frau denken, als einen Mann vollkommen in ihrer Gewalt zu haben?"[9] Lulus Männer im "Erdgeist" lieben es, an ihr zugrunde zu gehen. Die gefährliche Sinnlichkeit ist köstlich, solange man sie besitzt, ohne sich ihrer ganz sicher zu sein: "Von einem Mädchen wie sie betrogen zu werden, muß noch zehnmal beglückender sein, als von jemand anders aufrichtig geliebt zu werden."[10] Ihre Untreue gehört daher mit zum Programm und muß den Anschein des Naturnotwendigen tragen, sonst verlöre sich der Unterschied zur Prostituierten. Die freie Wahl ihrer Liebhaber ist aber auch nicht gestattet; dieses Maß an Selbstbestimmung und Bewußtheit zerstörte den Nimbus des Kindlichen und damit einen wesentlichen Anteil ihres Reizes. Dieser winzige Spielraum zwischen Ehemann und Liebhaber erscheint ihr als ihr einziges Eigentum[11] und ist doch nur ein geschicktes Arrangement zur Erhöhung ihres Marktwerts. Schön, ihr Manager und dritter Ehemann, weiß dieses Besondere beim Namen zu nennen: "Schamlosigkeit? – Mach aus der Tugend keine Not! – Deine Schamlosigkeit ist das, was man dir für jeden Schritt mit Gold aufwiegt. Der eine schreit Bravo, der andere schreit Pfui – das heißt für dich das gleiche."[12] Dabei ist an einen Zustand gedacht, der bar jeder Berechnung sein soll, ja soweit in Unbewußtheit hineinragt, daß Lulu selbst keinerlei Eigeninteressen besitzen kann,[13] animalisch nur ihren Instinkten folgt und so für jeden Mann Unschuld verkörpert. Lulu warnt Schön vor solch einer Einschätzung,

8) ebd., S.64
9) ebd., S.64
10) ebd., S.64f
11) Vgl. ebd., S.126
12) ebd., S.68
13) "Sie sind eine großangelegte Natur – uneigennützig", ebd., S.65

wenn sie auch anderen gegenüber bereitwillig ihr "Ich weiß es nicht"[14] sagt. Sie liebt Schön und hat sich von ihm zweimal verheiraten lassen, solange er ihr Liebhaber blieb. Als er sich von ihr lösen will, erpreßt sie ihn und zwingt ihn zur Heirat. Schön ist, wie Casti–Piani später, ein Mann, der ihr Widerstand entgegensetzt und sie für seine Zwecke ausbeutet. Der "furchtbare Gewaltmensch"[15] ist der Typus, dem sie Gefühle entgegenbringt – Rechtfertigung seiner Rede vom Wunsch der Frau nach Unterdrückung: "Laß sie Autorität fühlen! Sie verlangt nicht mehr, als unbedingt Gehorsam leisten zu dürfen."[16] So rundet sich das verführerische Bild der Bestie, die zahm dem peitscheschwingenden Dompteur zu Füßen liegt. Lulus hinreißende Eigenschaften sind freilich nur solange gefragt, wie ihre jugendliche Schönheit vorhält. Das Ewigweibliche wohnt in ihr nur kurze Zeit. Bald ist "der frische Tau, der die Haut bedeckt, der duftige Hauch vor den Lippen, das strahlende Licht, das sich von der weißen Stirne aus verbreitet, und diese herausfordernde Pracht des jugendlichen Fleisches (...) mit dem Kehrichtwagen gefahren."[17] Ihr Kurs fällt, wie der der "Jungfrauenaktien".[18] Sie hat schon zu lange geliebt.[19] Kultgegenstand wird daher ihr Bild, das gemalt wurde, als "ihr Körper (...) auf dem Höhepunkt seiner Entfaltung"[20] stand. Sowohl die Anbetung des Bildes,[21] als auch seine kommerzielle Ausbeutung[22] spiegeln die Verhältnisse der Männer zur "Urgestalt des Weibes", deren letzter Liebesdienst die Befriedigung eines Lustmörders ist. Obwohl sie als Verhängnis

14) ebd., S.36
15) ebd., S.71
16) ebd., S.51
17) ebd., S.150
18) Vgl. ebd., S.131ff
19) Vgl. ebd., S.123
20) ebd., S.150
21) "Diesem Porträt gegenüber gewinne ich meine Selbstachtung wieder (...). Wer sich (...) diesem rosig–weißen, strotzenden Körper gegenüber in seiner bürgerlichen Stellung sicher fühlt, der werfe den ersten Stein auf uns" (ebd., S.149).
22) "Man muß es annageln. Es wird einen ausgezeichneten Eindruck auf unsere Kundschaft machen" (ebd., S.149).

ausgeschrien wird, gibt es doch keinen Mann, der nicht von ihr profitiert hätte.[23] Sie ist für jeden das, was er sucht. Für den einen Nelli, für den anderen Eva oder Mignon: immer ist sie ein Teil dessen, der sie so nennt. "Was ich von meinem Leben in dich hineingelebt ..."[24] kennzeichnet die sentimentale Ansicht des Bildes, die Projektion und fehlgeschlagene Selbsterkenntnis. So treffen sich auch die Vorstellungen vom "Engelskind"[25], der "Teufelsschönheit"[26] oder dem "Heiligtum"[27]. Ob als Modell (Schwarz), Tänzerin (Schön), Romanfigur (Alwa) oder pompöseste Luftgymnastikerin der Jetztzeit (Rodrigo) entworfen: jeder Traum kann sich an sie hängen, sie ist in jeder Hinsicht fungibel. Wie sehr diese allseitige Verwendbarkeit der Vorstellung vom Verhängnis widerspricht, fällt dabei nicht ins Gewicht: jeder meint, in seiner Version des "Weibes" das Ganze zu besitzen. Die Gefährdung des Besitzes (oder die Auflösung der Illusion des Besitzes) gibt den Anlaß zum Sturz aus den selbstgefälligen Höhen und zieht eine tödliche Selbstauflösung nach sich. Den Medizinalrat Goll, der sie Nelli ruft, trifft prosaisch der Schlag. Der Maler Schwarz, Golls Nachfolger, schneidet sich die Kehle durch, als er aufgeklärt wird, daß Eva ihn betrügt. Schön sieht in jedem Mann einen Nebenbuhler und will Mignon töten: "Du Würgeengel! Du unabwendbares Verhängnis! (...) Du Kreatur, die mich durch den Straßenkot zum Martertode schleift! (...) Mörder werden oder im Schmutz ertrinken".[28] Lulu erschießt ihn in Notwehr. Alwa, der von einem Freier erschlagen wird, philosophiert kurz vor seinem Tod: "Das Weib blüht für uns in dem Moment, wo es den Menschen auf Lebenszeit ins Verderben stürzen soll. Das ist nun mal so seine Naturbestimmung."[29] Während seiner Liebeserklärung hatte er gebettelt: "Richte mich zugrun-

23) "Solange ich lebe, hält sie jedenfalls noch vor" (ebd., S.145).
24) ebd., S.85
25) ebd., S.22
26) ebd., S.23
27) ebd., S.81
28) ebd., S.84
29) ebd., S.151

de! Mach' ein Ende mit mir!"[30] (Vgl. dazu Abb. 13)
Was als Schicksal in Lulus Gestalt den Männern begegnet, hat offensichtlich eine bestimmte Affinität zu ihren Wünschen, deren wesentlicher Bestandteil in einer Verleugnung derselben liegt. So scheint es annehmbarer, einer Gewalt sich zu beugen, die als äußere wahrgenommen wird und die daher dingfest, verantwortlich und verfolgbar gemacht werden kann. Die "Naturbestimmung" des Weibes läßt sich an diesem rächen, und des Mörders Jack private Lust gerät zur Mission. Er führt aus, was andere träumen. In diesem Sinn ist es konsequent, daß Wedekind Jacks Rolle selbst übernahm und seine Frau die Lulu spielen ließ. Wedekind zeigt auf der Bühne, mit aller Kunst der ironischen Brechung (Alwa wird in "Die Büchse der Pandora" als Autor von "Erdgeist" eingeführt), sexuelle Sehnsüchte und Seelenqualen des Bürgers (vom Klein– bis zum Großbürger) in Lulus Gestalt verdichtet, die, da sie alle Ambivalenzen ihrer "Urheber" in sich trägt, nicht die Erfüllung bringen kann, die ihr aufgebürdet wurde. Schwarz meint exemplarisch : "Ich weiß mich vor meinem Glück kaum zu retten."[31]
Mit Lulu wird so auch ein Bild gemordet, dessen weitere Existenz nicht zu wünschen ist. Dabei wird das Opfer wiederum Opfer: diese zweifache Negation vollzieht sich am Leib der Frau.

Lulu, die gern als das "Ganz andere"[32] apostrophiert wird, repräsentiert dieses noch weniger als Gersuind oder die Hexe. Lulu *ist* das Spiel mit dem Dämonischen nach dessen Domestizierung. In ihr bleibt der Schein der Gefahr konserviert, der unabdingbar zur Stimulierung ist. "Zweierlei will der echte Mann: Gefahr und Spiel. Deshalb will er das Weib als das gefährlichste Spielzeug."[33]
Mayer hält Lulu für ein "Männertrauma", eine "Verderberin und Verräterin"[34]. Diese Auffassung vernachlässigt den Charakter der Inszenierung ihres Unheilstiftens. Sie ist wohl Pandora, doch nicht

30) ebd., S.83
31) ebd., S.39
32) Hans Mayer, Außenseiter, Frankfurt/Main 1975, S.131
33) Friedrich Nietzsche, Also sprach Zarathustra, Köln o.J., S.53
34) Hans Mayer, Außenseiter, a.a.O., S.131

von einem Gott geschaffen. Die Gesellschaft, die sie hervorbringt, delektiert sich an dem Unheil, das sie anrichtet, da es das Gegenteil der vermeintlichen Gefahr darstellt: sie mordet, "ohne daß es einer spürt."[35] Die Identifikation, die das Stück dem weiblichen Publikum anbietet, indem es Weiblichkeit als raubtierhafte Unwiderstehlichkeit feiert – "Das, was am Weibe Respekt und oft genug Furcht einflößt, ist seine *Natur*, die 'natürlicher' ist als die des Mannes, seine echte, raubtierhafte, listige Geschmeidigkeit, (...) seine Unerziehbarkeit und innerliche Wildheit"[36] – ist genauso prekär und herrschaftsstabilisierend wie ein Identifikationsangebot an den Mann, gemeinsam mit den scheiternden Helden sich der "Herrin der Liebe"[37] zu unterwerfen – selbst in dieser Geste bleibt der Mann noch der Agierende. Kraus' feinfühlige Analyse, die die Herrschaftsdialektik sowohl des Dramas,[38] als auch der Realität[39] von Mann und Frau entziffert, verfällt dennoch wieder dem Trug des "Vollweibs"[40] mit dessen Attributen der Unbewußtheit und des nicht näher zu fassenden Triebwillens. Dieser zwingt sie, ihrem Mörder (dem "sexuellsten Manne"[41]) zuzufliegen "wie die Motte dem Licht"[42]. Sexualität und Weiblichkeit werden spätestens dann diffamiert, wenn sich "der Lustmord wie ein aus den tiefsten Tiefen der Frauennatur geholtes Verhängnis vollzieht"[43]. Das Verhängnis, das Kraus beim Namen zu nennen wußte, etabliert sich von neuem im "Irrgarten der Weiblichkeit"[44], in dem er sich als Demütiger

35) Frank Wedekind, Lulu, a.a.O., S.19

36) Friedrich Nietzsche, Jenseits von Gut und Böse, Stuttgart 1976, S.168

37) Karl Kraus, Grimassen, München 1977, S.51

38) Das Weib, "das zur Allzerstörerin wurde, weil es von allen zerstört ward ..." (ebd., S.51).

39) "Sei die Hetäre ein Traum des Mannes. Aber die Wirklichkeit soll sie ihm zur Hörigen – Hausfrau oder Maitresse – machen, weil das soziale Ehrbedürfnis ihm selbst über den Traum geht. So will auch jeder, der die polyandrische Frau will, diese für sich" (ebd., S.53).

40) Vgl. ebd., S.60

41) ebd., S.55

42) ebd., S.55

43) ebd., S.58

44) ebd., S.51

ebenso verläuft wie der von ihm verurteilte Peiniger. "Dem Herrschafts– und Besitzdenken der Männer, das Kraus auch in dieser Wedekind–Rede unablässig verhöhnt, wird die Unterwerfungsattitüde vorgezogen. Die Frau soll herrschen: lieblos, treulos, undankbar."[45] Die Umkehrung der Macht, die diese wiederum perpetuiert, zeigt die Frau nicht anders denn als Objekt: der Stilisierung zur verderblichen Göttin korrespondiert ihre Vernichtung.[46] Indem Kraus den Gegensatz zwischen der göttlichen Hetäre und der Hörigen, der Unterwerferin und der Unterworfenen, konstruiert, übersieht er, daß diese sich zueinander verhalten wie zwei Seiten einer Medaille. Die Überhöhung wie die Erniedrigung der Frau negieren sie als Subjekt, das sich als ein Gleiches dem Mann gegenüber– statt entgegenstellen könnte. Die Selbstkonzeption des Mannes entweder als Herrscher oder als Beherrschter verharrt komplementär zu seinem Entwurf vom "Weibe". Die Subjekthaftigkeit dessen, der diese aus dem Willen zur Herrschaft gewinnt, ist so beschädigt wie die geleugnete der Frau. Die Lulu–Dramen bieten die Frau "als Projektionsfigur männlicher Lust"[47] in zweifacher Besetzung an: sowohl masochistische, als auch sadistische Wünsche lassen sich an ihr befriedigen. Interpretationen, die sich nicht Rechenschaft geben von der Interdependenz sadistischer und masochistischer Verhaltensweisen,[48] übersehen damit auch das sich in diesen manifestierende Herrschaftsgefüge.

---

45) Hans Mayer, Außenseiter, a.a.O., S.133

46) "Alle Enttäuschung, alle Qual, die von einem geliebten Wesen ausgeht, das nicht zu seelischer Dankbarkeit erschaffen ist, scheinen sie [Alwa, Hugenberg, Geschwitz, die "wahren Gefangenen ihrer Liebe"] als Wonnen einzuschlürfen, an allen Abgründen noch Werte bejahend." (Karl Kraus, Grimassen, a.a.O., S.54)

47) Horst Albert Glaser, Arthur Schnitzler und Franz Wedekind – Der doppelköpfige Sexus, in: ders. (Hrsg.), Wollüstige Phantasie. Sexualästhetik in der Literatur, München 1974, S.170

48) Theodor Reik entwickelt in seinem Werk "Aus Leiden Freuden, Masochismus und Gesellschaft", Hamburg 1977, eine Masochismustheorie, die diesen als aktivische Strebung aufdeckt. Damit wird ein Gegensatzpaar korrigiert, das für das Freudsche Verständnis ausschlaggebend war. Freud bildete die Pole Aktivität–Passivität, Sadismus–Masochismus, die sich im Gegensatz phal-

Forts. von letzter Seite
lisch–kastriert, bzw. maskulin–feminin wiederfinden (vgl. J.Laplanche, J.–B.Pontalis, Das Vokabular der Psychoanalyse, Frankfurt/Main 1975, S.448ff). Durch eine Analyse des "demonstrativen" Zuges masochistischer Äußerungen kommt Reik zu dem Ergebnis, daß "der Masochismus (...) nicht, wie bisher angenommen, charakterisiert (ist) durch Lust an der Unlust, sondern durch Lust an der Erwartung der Unlust. Der Akzent, der ursprünglich auf der Lust an der Endsteigerung und am Orgasmus lag, wurde auf die angstvolle Erwartung verlegt, und diese Verschiebung hat der Angst ihren Charakter genommen." (S.90) "Ich suche also etwas auf, wovor ich Angst habe – aus Angst. Ich nehme ein Stückchen Schmerz auf mich, um ihm nicht plötzlich (...) ausgesetzt zu sein." (S.91) "Es muß wiederholt werden: er ist nicht sosehr gegen das Ich gewendeter als auf den Kopf gestellter Sadismus (...). Das wichtigste Hindernis für die direkte Aktion gegen den anderen ist äußerer Natur. Es wird durch die Schwäche des Ich und die überlegene Kraft des anderen gebildet." (S.222f) "Die sadistische Befriedigung ist nicht aufgehoben, sie ist nur aufgeschoben (...). Das Genießen von Schmerz, Unlust, Erniedrigung ist nur erklärbar als Resultat solcher vorweggenommenen Triebbefriedigung am anderen und gegen den anderen." (S.225f) "Man verzichtet nicht auf den eigenen Willen, wenn man ihn durch einen anderen ausführen läßt." (S.230) "Die Geburtsstätte des Masochismus ist die Phantasie." (S.233)
"Was der Masochist in seiner Beziehung zur Frau darstellt, ist freilich obenhingesehen völlige Unterwerfung. Was er aber dadurch darstellen will, ist der Wille zu unterwerfen (...). Die Frau erscheint zwar in seinem Verhalten besonders hoch gewertet und geschätzt. Daran ist nur wahr, daß sie als Sexualobjekt hoch geschätzt wird, als Vertreterin des Geschlechts, nicht als Person." (S.305)

NARZISSTISCHE SPIEGELUNGEN: L' ART POUR L' ART ALS KUNST DER SELBSTBEWAHRUNG

Oscar Wilde: "Salome" – Joris–Karl Huysmans: "A rebours"

Die Vorstellung von weiblicher Sinnlichkeit, wie sie sich in den Gestalten der Gersuind, der Hexe und der Lulu personifiziert, betont den Aspekt des Körperlichen, Triebhaften und Unbewußten. Trieb und Bewußtsein sind in dieser Konzeption nicht auseinandergetreten, können sich weder beeinflussen noch zensieren. Die Sexualität äußert sich wie Hunger und Durst und sucht nach direkter Triebabfuhr, kennt aber keine Begierde, die durch Imagination des Sexuellen entsteht und nach besonderen (perversen) Formen der Befriedigung strebt. Dieser "weiblichen" Sexualität, die im Naturzustand verharrend gedacht wird, steht eine entgegen, die nicht mehr im Körper, sondern im Kopf angesiedelt ist. Der Trieb verwandelt sich in Gier, erhält den Leib (weitgehend) keusch und nistet in den Gedanken, die sündig und furchterregend werden. Die Salome bei Huysmans entspricht diesem Typus, ansatzweise auch die Salome von Wilde. Betont Huysmans bei Salome den Aspekt des Mörderischen, steht bei Wilde die Narzißmusproblematik im Vordergrund. Beide Charakteristika liegen außerhalb der Sphäre, die allgemein dem Weiblichen zugesprochen wird. Salome gehört, wie Dalila und Judith, in die Kategorie der Frau mit dem Schwert, die sich unrechtmäßig den Machtbereich des Männlichen aneignet und deshalb als furchterregend empfunden wird. Wie ambivalent aber das Grauen ist, zeigt die immer wiederkehrende Behandlung dieses Stoffes in der darstellenden Kunst und in der Literatur.[1]

---

1) Eine Flut von Bearbeitungen des Themas in der Person der Herodias oder der Salome liefert allein das 19. Jahrhundert. Es läge nahe, die Beeinflus-

Wildes 1891 entstandener Einakter "Salome" verändert die biblische Vorlage. Salome fordert nicht unter dem Einfluß ihrer Mutter die Enthauptung Jochanaans,[2] sondern ihr Wunsch wird durch ihre von ihm zurückgewiesene Liebe motiviert.[3] Die Begegnung mit Jochanaan rückt in den szenischen Mittelpunkt; der Tanz vor Herodes, der sonst wegen seiner erotischen Bedeutung im Zentrum der Auseinandersetzung mit dem Salome – Thema steht, verliert an Eigengewicht und wird von ihr zur Durchsetzung ihres Willens eingesetzt. Salome erscheint bei Wilde in freier Selbstbestimmung. Alle ihre Handlungen sind durch einen festen Willen gekennzeichnet, der sich über den der anderen hinwegsetzt. Herodes wird in seiner Herrscherwürde von ihr völlig negiert. Sie verläßt sein Fest, weil sie von seinen Blicken angewidert ist: "Warum betrachtet mich der Tetrarch ständig mit seinen Maulwurfsaugen unter den bebenden Lidern ...?"[4], und ist nicht bereit, in den Festsaal zurückzukehren, obwohl ein Sklave nach ihr geschickt wird.[5] Nachdem sie Jochanaans Stimme aus der Zisterne rufen hörte, verlangt sie, ihn zu sehen. Sie befiehlt, gegen das Gebot des Tetrarchen, die Zisterne zu öffnen. Über den Widerstand der Krieger setzt sie sich hinweg, indem sie dem Hauptmann der Garde, Narraboth, einen Blick verspricht und ihn zwingt, sie anzuschauen: "Sieh mich an. Ah! Du weißt sehr wohl, daß du tun wirst, was ich von dir verlange."[6]

Forts. von letzter Seite
sungen und Motivverschränkungen zu untersuchen oder wenigstens zu berücksichtigen. Da aber eine Reihe von Arbeiten zu diesem Problem vorliegen und in meiner Untersuchung eine Figur in dem sie umgebenden szenischen Zusammenhang gesehen werden soll, habe ich bei der Interpretation von Hinweisen auf mögliche Motivübernahmen abgesehen. Vgl. zu dieser Fragestellung: Friedrich Karl Braß, Oscar Wildes Salome, Diss.Münster 1913; Helen Grace Zagona, The Legend of Salome, Genève, Paris 1960

2) "Ich höre nicht auf meine Mutter. Zu meiner eigenen Lust begehre ich das Haupt des Jochanaan in einer silbernen Schüssel." (Oscar Wilde, Salome, Frankfurt/Main 1975, S.49)

3) "...ich werde deinen Mund küssen, Jochanaan!" (ebd., S.26,28) "Niemals, Tochter Babylons! Tochter Sodoms, niemals!" (ebd., S.26)

4) ebd., S.17

5) Vgl. ebd., S.18

6) ebd., S.20f

Der Blick hat symbolischen Charakter: er kennzeichnet die Aufhebung der Selbstbezogenheit. Wer einen anderen anblickt, konfrontiert sich mit einem ihm Äußerlichen. Innere Realität durchsetzt sich mit äußerer und gefährdet das narzißtische Subjekt. Salome anzuschauen, bedeutet, sich in ihre Macht zu begeben, den eigenen Willen zu verlieren. Narraboth und Herodes schauen sie an, geraten damit in ihren Bann und ins Verderben: Narraboth stürzt sich in sein Schwert, Herodes bindet sich an einen Schwur, der ihm Unheil bringen wird. Herodes klagt: "Deine Schönheit hat mich betört, und ich habe dich zuviel angeschaut. Aber ich werde es nicht mehr tun. Man darf weder Dinge noch Menschen anschauen. Man darf nur in Spiegel schauen."[7] Jochanaan dagegen verweigert Salome den Blick und will auch selbst nicht angeschaut werden. "Wer ist dieses Weib, das mich ansieht? Ich will nicht, daß sie mich ansieht."[8] Salome ist gewohnt, durch ihren Anblick zu fesseln: seine Darbietung bedeutet eine Gunst, ihr Blick aber eine Belohnung. Jochanaan, der beides zurückweist, kränkt sie in ihrem Selbstempfinden, entlockt ihr gleichzeitig das Interesse, das sie sonst nur für sich selbst aufbringt. Daß er sie nicht begehrt, unterscheidet ihn von allen anderen Männern, macht ihn einzigartig und dadurch ihr ebenbürtig. So berauscht sie sich an seiner Schönheit, die Salome erlaubt, sich in ihm wiederzufinden.

Salome wird eingeführt durch die bewundernden Ausrufe eines jungen Syriers, der sie von weitem während Herodes' Fest beobachtet. Er teilt sich seinem Freund, dem Pagen der Herodias, mit, der den Mond anschaut und über dessen Aussehen Betrachtungen anstellt. Bevor noch durch die offensichtlichen Parallelisierungen zwischen Salome und dem Mond deren Beziehung aufgedeckt wird, klingt sie schon durch die Gleichzeitigkeit der Äußerungen an. Der Mond erweist sich als Spiegel Salomes: jeder, der ihn anschaut, liest an ihm einen Aspekt ihres Wesens ab und kennzeichnet damit auch seine Beziehung zu ihr.

7) ebd., S.50
8) ebd., S.22

Für den Syrier, der Salome liebt, sieht der Mond aus wie "eine kleine Prinzessin, die einen gelben Schleier trägt und silberne Füße hat (...), Füße hat wie kleine weiße Tauben"[9]. Er fügt hinzu: "Man möchte meinen, sie tanzt."[10] Salomes Aussehen, aber auch ihre zukünftigen Handlungen, können am Mond abgelesen werden.
Herodias' Page, der den jungen Syrier und nicht Salome liebt, sieht im Mond "eine Tote, die nach Toten sucht"[11]. Seine Vorahnung erfüllt sich an seinem Freund, der die Liebesbeweise Salomes für Jochanaan nicht erträgt und sich selbst tötet.[12]
Herodes, der Salome mit seinen Augen verfolgt und unter ihren beständigen Zurückweisungen leidet, empfindet den Mond "wie ein hysterisches Weib, (...) das allerorts Liebhaber sucht"[13]. Der Mond kommt ihm "nackt" vor, so wie er sie gern sähe, gleichzeitig beschreibt er die Selbstentblößung, die Salome durch ihr unerhörtes Liebeswerben um Jochanaan empfindet.
Salome nun nennt den Mond "kalt und keusch". Er gleiche "einem Mädchen, das Jungfrau ist". Er habe "die Schönheit einer Jungfrau, (...) die sich nie besudelt hat, die sich niemals Männern hingegeben hat."[14] Die kalte, selbstgenügsame Schönheit, die sie ist, spiegelt ihr der Mond wider.[15]
Das Spiegelmotiv, das ihre Beziehung zu sich selbst aufdeckt, wird ergänzt im Vergleich mit der Narzisse.[16] Sie ist in ihre Schönheit verliebt wie Narziß, und ihre Liebe zu Jochanaan trägt diesen Stempel: Ihre Schönheit erkennt sie in der seinen wieder. "Er gleicht

9) ebd., S.13
10) ebd., S.13 Herodes freut sich vor ihrem Tanz: "Deine kleinen Füße werden sein wie weiße Tauben" (ebd., S.46).
11) ebd., S.13
12) Vgl. ebd., S.26
13) ebd., S.29
14) ebd., S.18
15) Salome "gleicht dem Bild einer weißen Rose in einem Spiegel aus Silber" (ebd., S.14). Sie gleicht nicht der Rose selbst, sondern dem Bild der Rose, das mit der Reinheit und Kühle des Metalls als Spiegel die Unvergänglichkeit und Idealität der Schönheit beschreibt. – Jochanaans Kopf auf dem silbernen Schild wiederholt nochmals die Metapher. (Vgl. Abb. 10.)
16) Vgl. ebd., S.17

(...) einem Bild aus Silber"[17]. Die Kostbarkeit und Kälte ("Seine Haut muß sehr kühl sein")[18] verquickt Salome mit Unberührtheit und Makellosigkeit: "Ich bin gewiß, daß er keusch ist, wie der Mond."[19] Für sie ruht Jochanaan in seiner Schönheit mit der gleichen Ausschließlichkeit, die ihr eignet; sie kann ihn als ihr eigenes Bild lieben. Die Verweiblichung, die sie durch die Metaphernreihung vornimmt, unterstützt den Eindruck, daß sie sich in ihm wiedererkennt. "Jochanaan! Ich bin verliebt in deinen Leib. Dein Leib ist weiß wie die Lilie auf einem Felde..."[20] Die folgenden Vergleiche siedeln ihn ganz in der Sphäre des Weiblichen an: "Nicht die Rosen im Garten der Königin von Arabien, nicht die Füße der Morgenröte (...), nicht die Brüste der Mondgöttin (sind) so weiß wie dein Leib."[21] Durch seine Zurückweisung muß sie wahrnehmen, daß ihre Gleichsetzung Illusion ist. Seine Wahrnehmung von ihr ist ihrer Selbstwahrnehmung diametral entgegengesetzt: als "Tochter Babylons, Tochter Sodoms"[22] repräsentiert sie die Hure, die Unreine. "Durch das Weib ist das Böse in die Welt gekommen"[23], ruft Jochanaan abwehrend.

In der Gestalt der Salome und in der des Jochanaan sind die eingeübten Geschlechtszuweisungen ausgetauscht. Salome erscheint in ihrem Begehren männlich, Jochanaan weiblich: er ist der "Tempel des Herrn"[24].

In dem Einakter ist eine narzißtische Situation gestaltet, die aufgebrochen wird. Indem Salome Jochanaan trotz seiner Abgrenzung weiter begehrt, begehrt sie Fremdes, fällt sie aus ihrer durch die Selbstliebe aufrechterhaltenen Unversehrtheit. Nicht nur in Jochanaans Augen wird sie damit zur "Buhlerin"[25]: sie selbst empfindet

17) ebd., S.22
18) ebd., S.22
19) ebd., S.22
20) ebd., S.23
21) ebd., S.23f
22) ebd., S.25
23) ebd., S.25
24) ebd., S.25
25) ebd., S.55

so im Moment, in dem sich ihr Jochanaans Leib durch den mangelnden Reflex von einem schönen in einen verabscheuungswürdigen verwandelt.[26] Schönheit und Keuschheit sind unauflöslich miteinander verbunden: indem sich Jochanaan als Spiegel ins Abscheuliche verändert, geht diese Veränderung in ihr selbst vor. Ihre Anklage gegen Jochanaan: "Ich war Jungfrau, du hast mich geschändet. Ich war keusch, du hast mir Feuer in die Adern gegossen"[27], ist ebenso Selbstanklage, ihr Zwiegespräch mit Jochanaans Kopf auf der Silberschüssel eine leere Spiegelszene. Sie hat den Spiegel zerschlagen, um das zu tilgen, was sich ihr widersetzte, um die gebrochene Autonomie, die in ihrer Selbstverliebtheit wurzelte, durch die Vernichtung dessen wiederherzustellen, der sie aus der Keuschheit ihres Selbstbegehrens gerissen hat. In der Tötung sollte ein Verlust ungeschehen gemacht werden, sollte ihr Gefühl wieder zu ihr zurückfinden. Was ihr gelingt, ist die Rettung seiner Schönheit, aber diese kann nicht mehr auf Salome übergehen. Ihr Begehren bleibt ungestillt: "Mich dürstet nach deiner Schönheit"[28].

Wilde hat in der Figur der Salome die Veränderung einer Charakterstruktur beschrieben. Salome, die in Selbstliebe und Bewunderung nur um sich kreist, darin einem unverletzlichen Kosmos gleicht, fällt aus dieser Autonomie durch ihr Begehren. Sie liebt Jochanaan als einen ihr Ebenbürtigen (darin fungiert er noch als Spiegel). Gleichzeitig wird Jochanaan durch seine Verweigerung in Salomes Augen zum fremden, eigenständigen Menschen, den sie – ihren Narzißmus durchbrechend – weiterliebt. Damit verstößt sie gegen ihre eigenen Gesetze und verliert ihre Immunität. Die Tötung Jochanaans kann ihr die Keuschheit nicht zurückbringen, weil sie nicht verleugnen kann, daß er eben nicht sie selbst ist. Ihr Begehren hebt ein Stück Realitätsverdrängung auf, deswegen kann Jochanaan noch als Toter über sie triumphieren: seine Verweigerung ist Realität, die sie im Akt der Tötung verfestigt hat.[29] Die Inbesitznahme des anderen in

26) ebd., S.25
27) ebd., S.57
28) ebd., S.55
29) "Aber warum siehst du mich nicht an ..." (ebd., S.54). "Warum hast du mich nicht angesehen, Jochanaan?" (ebd., S.55)

der Einverleibung kann nur genossen werden, wenn die narzißtische Struktur unverletzt ist. So aber kann durch ihre Bruchstellen Leid sickern; das Bedürfnis hat sich von der Vereinnahmung zu dem des Geliebtwerdens gewandelt: "Du hast über deine Augen die Binde dessen gelegt, der seinen Gott sehen will. Nun, du hast ihn gesehen (...). Ich, ich habe dich gesehen, (...) und ich habe dich geliebt."[30] Salome ist ein Zwitterwesen und dadurch selbst zum Tode verurteilt. Als Frau erscheint sie schrecklich und unweiblich in ihrem männlichen Begehren, das durch Werbung, Kalkül und Besitzverlangen sich Verhaltensnormen aneignet, die nur der "rechtmäßigen" männlichen Herrschaft zustehen. So kann die Rache nicht ausbleiben. "Herodes (...) erblickt Salome: 'Tötet dieses Weib!' Die Krieger stürzen vor und zermalmen unter ihren Schilden Salome"[31]. Der Herrscher ist in seinen Rechten wieder unangefochten, das Übel aus der Welt. Hier treffen sich König und Prophet, die Verkünder des Gesetzes: "Also spricht der Herr: Lasset ein Getümmel über sie kommen (...). Die Feldhauptleute sollen sie mit ihren Klingen durchbohren, sollen sie zermalmen unter ihren Schilden."[32] – "So werde ich die Frevel von der Erde tilgen, und möge es allen Weibern eine Lehre sein, nicht dieser in ihren Greueln nachzuahmen."[33]

Szondi stellt in seiner Interpretation der "Hérodiade" von Mallarmé heraus, daß der Dichter sich in seiner Heldin spiegelt. "Weil sein Geschöpf ein Symbol des Schönen ist, das Schöne aber vom Dichter – Alchimisten erschaffen werden muß, ist Hérodiade zugleich ein Symbol seines Schaffens. So sieht denn Mallarmé seine Dichtung nicht anders als seine Heldin: in sich selbst verliebt."[34] Die Gleichsetzung von Dichtung und Hérodiade als Symbol ist gesichert durch eine Äußerung Mallarmés: " ...der Gegenstand meines Werkes ist die Schönheit, und der scheinbare Gegenstand ist nur ein

30) ebd., S.55
31) ebd., S.59
32) ebd., S.38f
33) ebd., S.39
34) Peter Szondi, Das lyrische Drama des Fin de siècle, Frankfurt/Main 1975, S.130

Vorwand, zu ihr (der Schönheit) hinzuführen. Das ist, glaube ich, das Wort der Dichtung."[35] Das Wort des Dichters ist seine Schöpfung, seine Gegenschöpfung zur äußeren Welt. Je absoluter er jene setzt, um so ausschließlicher wird diese negiert. Die narzißtische Figur wird so zum sichtbaren narzißtischen Ich des Dichters, das sich nur in einem Gegenüber, einem Spiegel, konstituieren kann. Ist dieses Ich nicht mehr in der Lage, sich in den äußeren Dingen der Welt wiederzuerkennen, ist ihm zu seiner Selbsterhaltung die ständige Eigenschöpfung unabdingbar. "Ach, dies Gedicht, ich will, daß es, herrliches Juwel, aus dem Sanktuarium meines Gedankens hervorgeht; oder ich werde auf seinen Trümmern sterben."[36] Die Maßlosigkeit des l'art pour l'art resultiert aus der Gestörtheit des menschlichen und gesellschaftlichen Bezuges, der den einzelnen nötigt, zum Überleben die Liebe vom Objekt abzuziehen und auf das eigene Ich zu richten. Die somit entstehende Panzerung gegen die Außenwelt soll das Ich gegen die Versagungen seiner Wünsche unverwundbar machen. Daher ist der "Ästhetizismus (...) keine 'Haltung', die nach Belieben einzunehmen wäre."[37] Wilde führt in seiner Gestalt der Salome die Tödlichkeit einer Durchbrechung narzißtischer Organisation vor. Die Gewalt, die Salome zur Konstituierung ihrer Selbstbezogenheit getrieben hat, wird deren Mißachtung rächen. Gleichzeitig wird diese Gewalt verinnerlicht im Konstituierungsprozeß selbst und jederzeit freigesetzt, wenn die (labile) Struktur angetastet wird. Die Aufrechterhaltung eines narzißtischen Ich ist permanente Arbeit, denn es kann nur existieren, solange nichts Fremdes es in Frage stellt. Die Vernichtung des Fremden wird so zur Aufgabe und totalitär.

Huysmans beschreibt in seinem Roman "A rebours" zwei Salome-Darstellungen von Moreau, die der Held des Romans, Des

35) St. Mallarmé, Correspondance, zit. nach Szondi, ebd., S.123, übersetzt von Szondi

36) St. Mallarmé, Correspondance, zit. nach Szondi, ebd., S.129, übersetzt von H. Beese

37) Theodor W. Adornò, Kierkegaard, Frankfurt/Main 1974, S.20

Esseintes, erworben hat. (Vgl. Abb. 11.) Des Esseintes lebt, von allem menschlichen Kontakt zurückgezogen, allein mit seinen kostbaren Büchern und Bildern. Seine Phantasie beschäftigt sich schon lange mit der Salome–Gestalt, die ihm in seiner Einsamkeit zur "...symbolische(n) Gottheit der unzerstörbaren Wollust ..."[38] wird. Die Faszination der Salome liegt für ihn in ihrer "unsterblichen Hysterie"[39]. Wollust und Hysterie scheinen hier gleichgesetzt, der besondere Akzent liegt auf der Unvergänglichkeit ihrer Lustempfindung, die von Des Esseintes als ein Zustand, ein Verharren, gedacht wird. Die Festschreibung der Klimax verrät die Angst vor der Lust, die als gelebte der Veränderung unterworfen ist. Huysmans' "Held" hat Salome als Idol "auserwählt unter allen anderen durch den Krampf, der ihr Fleisch starr und ihre Muskeln hart macht"[40]. Sie ist in dem Zustand, der Des Esseintes als Wollust erscheint, gefangen wie in einer Totenstarre, auf sich geworfen, allein. Das Unmenschliche, der Verbindung zu anderen Menschen Unfähige, zeichnet sie aus: gleichermaßen Göttin und "Tier", ist sie "gleichgültig, unverantwortlich und gefühllos"[41]. Selbst eine Tote, ist sie tödlich für den, der sie berührt, sie "vergiftet, was ihr nahekommt".[42] In der "Göttin der Hysterie" wird ein Leiden als Wollust gefeiert, das gerade durch Versagung von Wollust entsteht. Die Figur der Salome spiegelt Des Esseintes' Sexualität, die sich ausschließlich im Gedanken abspielt, ohne daß der Körper daran teilhat. Die Verdrängung der Sexualität aus der Sphäre des Körperlichen in die der Phantasie eröffnet die Verfügungsgewalt über den Sexus; sie bewirkt eine Form der Schreckensbannung, schafft aber einen neuen Schrecken: die Grausamkeit. Diese wird konserviert und unschädlich gemacht, indem sie ins Bild verbannt wird. In Salome begegnet sich Des Esseintes, ohne sich wiedererkennen zu müssen und ohne von ihrer Grausamkeit bedroht zu werden. Ihre

38) Joris–Karl Huysmans, Gegen den Strich, Frankfurt/Main, Berlin, Wien 1972, S.61
39) ebd., S.61
40) ebd., S.61
41) ebd., S.61
42) ebd., S.61

Erotik und Grausamkeit ist eingefroren, er kann in der Phantasie die Position des Herodes einnehmen: "Wie der greise König war auch Des Esseintes zermalmt, vernichtet, von Schwindel ergriffen vor dieser Tänze-
rin ..."[43] So genießt er als Voyeur seiner Gedanken seine Gedanken. Nach Belieben wechselt er von einem Bild zum anderen, Herr der Situation und Herr seiner Lust. Er kann auswählen zwischen zwei Bildern, dem Ölgemälde "Tanz der Salome" und dem Aquarell "Erscheinung". Das Ölgemälde zeigt Salome in der Pose der "gefühllosen Statue ohne Mitleid"[44]; ihr Körper ist verhüllt, und sie trägt ein Liliengewächs in der Hand, das Huysmans zum Lotos stilisiert. Mit der Suche nach dem "Sinn" des Emblems[45] eröffnet sich eine Reihe animierender Assoziationen, die wohl über den Phantasierenden, kaum aber über Salome Aufschluß geben. Die Aneinanderreihung körperlicher Prozeduren, die Salome, symbolisiert durch die Lotosblume, in der Vorstellung des Betrachters über sich ergehen lassen muß, gibt Aufschluß über das Täter–Opfer–Verhältnis. Wurde Salome zunächst als mörderische Göttin vorgestellt, die "alles vergiftet, was ihr nahekommt"[46], wird sie nun zum Opfer. Der Lotos wächst zum Phallus[47], der das "Opfer einer Jungfräulichkeit, (...) die ersehnte Unreinheit einer Wunde, gefordert und gewährt unter der Bedingung eines Mordes," ankündigt, oder er wird zur "Allegorie der Fruchtbarkeit"[48]: "...ein Dasein, das eine Frau zwischen ihren Fingern hält, von den zitternden Händen eines Mannes an sich gerissen und zerstampft, den Wahnsinn überfällt und eine fleischliche Lust verwirrt?"[49] Des Esseintes' Repertoire an berauschenden Vorstellungen gipfelt, nach einem kurzen Abschweifen im Gedanken an die "sterbliche Frau, an das besudelte Gefäß, die Ursache aller Sünden und Verbrechen"[50], in dem nekrophilen

43) ebd., S.63
44) ebd., S.63
45) Vgl. ebd., S.61
46) ebd., S.61
47) Vgl. ebd., S.61
48) ebd., S.61
49) ebd., S.62
50) ebd., S.62

Bild einer altägyptischen Einbalsamierung: "Scheidekünstler und Priester strecken den Leichnam der Toten auf eine Bank aus Jaspis aus, ziehen ihr mit gebogenen Nadeln durch die Nase das Gehirn, durch einen Einschnitt in die linke Hüfte die Eingeweide heraus, (...) führen (...) in die Genitalien die reinigenden keuschen Blätter der göttlichen Blume ein."[51] Erinnert man sich an die von Des Esseintes unterstellte phallische Bedeutung des Lotos, entpuppt sich die Beschreibung als sadistische Leichenschändung. Die vorher angebetete Frau durchläuft die Stadien ihrer vorgeschriebenen Weiblichkeit (Entjungferung, Befruchtung, Prostitution) als Objekt der zerstückelnden Sexualität des Mannes, deren Symbol er Göttlichkeit und Keuschheit zuerkennt. Die "gefühllose Statue ohne Mitleid" scheint so ein Reizbild zu sein, das, als projektive Vorstellung, eine aggressive Sexualphantasie erst ermöglicht. Zwei Reaktionsweisen, die beide im Text vorgeführt werden und scheinbar unverbunden nebeneinanderstehen, können so erklärt werden. Die eindeutig sadistische Haltung kann in der vorgestellten Schrecklichkeit und Tödlichkeit Salomes einen Rechtfertigungsgrund zur aggressiven Gegenreaktion finden oder sich auch, in Verkennung der Eigenproduktion der gefährlichen Gestalt, einem Wunsch nach Unterwerfung und Verletzung hingeben. Hier zeigt sich, daß dieser masochistische Wunsch aus einer sadistischen Haltung resultiert.

Die eben zitierten Textstellen weisen darauf hin, daß die Gestalt Salome ebenso wie ihr Bild allein zur Erregung einer für Des Esseintes lustvollen Empfindung gebraucht wird, die sich jederzeit vom Gegenstand des Bildes unabhängig macht und darin dessen Austauschbarkeit demonstriert. Was sie selbst ist, sein könnte, ihre Bedeutung, fällt nicht ins Gewicht. Die Erfindung einer Figur, deren Eigenschaften als pervers eingeschätzt werden, wirkt stimulierender als eine "flämische Schlächtersfrau"[52], wie sie Rubens nach Huysmans' Meinung gemalt hat, "die durch eine verderbte Verrenkung ihrer Lenden einem Greis einen Schrei der Begierde

51) ebd., S.62
52) ebd., S.61

entreißt"[53]. Eine Schönheit wird verlangt, wie sie auf dem Aquarell "Erscheinung" zu sehen ist, die den "Malern des Fleisches"[54] nicht gelingen kann, im Gegensatz zu den "Erschütterten, Verfeinerten, durch die Neurose gleichsam visionär gewordenen Geistern"[55]. Hier wird wieder der "Geist" gegen das "Fleisch" ausgespielt, das Künstliche gegen das Natürliche.
Salome als "verführerische Liebesblume" muß in "ruchlosen Treibhäusern gezogen"[56] sein, erst dann erfüllt sie die Bedingungen, die sie begehrenswert machen. Die Mischung aus "Raubtiergeruch (...), Weihrauch und Myrrhe"[57] signalisiert nochmals die ersehnte Verbindung von Tierischem und Göttlichem; das Göttliche wird dadurch in der Vorstellung geschändet, das Tierische geheiligt: "Im unschuldig–gefährlichen Idol hatte sich die verkörperte Erotik, der Schrekken des Menschen ans Licht gekämpft."[58] Wurde bislang die Erotik als schrecklich empfunden, verkehrt sich nun die Auffassung des Verhältnisses zwischen Erotik und Schrecken: dieser wird erotisiert. Da es darum geht, "die lethargischen Sinne des Mannes (zu) beleben"[59], wohnt der Schrecken im begehrten Objekt und wird zu dessen Bestimmung: "Jetzt war sie wirklich Hetäre; sie gehorchte ihrem flammenden, grausamen, weiblichen Temperament, (...) raffinierter und wilder, abscheulicher und köstlicher (...) bändigte (sie) seinen Willen."[60]
In seinem Roman "Là–bas" gibt Huysmans die Beschreibung einer Form der Wollust, die er Pygmalionismus nennt. Sie übertrifft alle Sünden, die er sich vorstellen kann, an Raffinement und nimmt auf der Skala des Genusses den obersten Platz ein. Die banalste Lust liegt in der "gewöhnlichen Sünde", der Heterosexualität. Darüber erhebt sich die "Sünde gegen die Natur, die Bestialität", die Homo-

53) ebd., S.61
54) ebd., S.60
55) ebd., S.60
56) ebd., S.63
57) ebd., S.63
58) ebd., S.63
59) ebd., S.63
60) ebd., S.63

sexualität und Sadismus einschließt. Die dritte Stufe wird durch die "Dämonialität", "Schändung des Heiligen", erreicht, wie sie in schwarzen Messen zelebriert wird. Der Pygmalionismus ist bei weitem subtiler, er ist "zugleich Onanie des Gehirns und Blutschande"[61]. Die geistigen, als Verirrung gedachten Empfindungen sollen einen Reiz und eine Befriedigung gewähren, die aus einer – wie auch immer gearteten – Verbindung mit einem anderen nie gedacht werden können. "Stellen sie sich einen Künstler vor, der sich in sein Kind verliebt, in sein Werk, in eine Herodias, eine Judith, eine Helena, eine Jeanne d'Arc, die er mit Feder oder Pinsel dargestellt haben mag, und der sie nun heraufbeschwört, um sie schließlich im Traume zu besitzen."[62] Huysmans betont, daß die besondere Delikatesse darin besteht, ein gänzlich reines Wesen, das zugleich in der absoluten Verfügungsgewalt sich befindet, zu "schänden". Die "Mißachtung der Natur (...), der göttlichen Schöpfung"[63] vermehrt noch die Wollust der Autonomie. Das Kunstwerk, das schon als zweite Schöpfung betrachtet wird, versetzt den Künstler in den Stand des Hermaphroditen: er befruchtet sich selbst und gebiert aus sich, ist durch die Einverleibung der Gebärfähigkeit gottgleich. Schon in der Vorstellung der Ebenbürtigkeit mit Gott liegt eine Befriedigung, die sich in der Formulierung von der Erschaffung eines "beinahe himmlischen Wesen(s)"[64] triumphierend verrät. Dieses Geschöpf, durch die "Auswirkungen des Talents" mit "Unsterblichkeit" begabt, ist das einzige, das die Wünsche des Meisters auch ganz erfüllen kann: in seiner Unsterblichkeit mächtig, ist es doch gleichzeitig ohnmächtiger als jeder Sklave, da es der unendlichen Manipulation im Gedanken unterworfen ist. Diese Verbindung von Grandiosität und Widerstandslosigkeit scheint die Formel für das Begehrenswerte schlechthin. Ganz kraß tritt dies in der geschilderten Phantasie Des Esseintes' hervor. Das Bild von Moreau als Auslöser benutzend, schafft er sich eine Salome, die, "gleich der

61) Joris–Karl Huysmans, Tief unten, Frankfurt/Main, Berlin, Wien 1971; alle Zitate: S.176
62) ebd., S.176
63) ebd., S.177
64) ebd., S.177

antiken Helena"[65] göttlich und mörderisch, doch seinem Zugriff unterliegt. Beachtung verdient die Aufzählung der reizvollen Geschöpfe: Herodias oder Salome, Judith, Helena und Jeanne d'Arc stehen für ein weibliches Wesen, das die ihm gesetzten Grenzen seiner Weiblichkeit skandalös überschreitet und damit der Sehnsucht nach dem Außergewöhnlichen Rechnung trägt. Die realen Gestalten haben ihre Grenzüberschreitungen bitter büßen müssen, als erinnerte und imaginierte hingegen sind sie ihrer tatsächlichen Bedrohlichkeit beraubt und können in ihrer Besonderheit genossen werden.

Huysmans thematisiert im Roman den Bezug des Schreibenden zu seinen Figuren, die psychosexuelle Besetzung des Erschaffens neuer Welten aus der Phantasie. Das Schreiben selbst wird zum sexuellen Akt: eine Onanie des Gehirns, die seine Gestalten nochmals vorführen. Die Imagination wird zum einzig Wirklichen, so daß die Begegnung mit einer Frau die psychische Qualität des Wirklichen wiederum nur in der Phantasie besitzen kann. Das Bild der Salome besitzt für Des Esseintes eine größere Wirklichkeit als die wirkliche Salome – diese wäre nur das Surrogat ihres Bildes.

65) Joris–Karl Huysmans, Gegen den Strich, Frankfurt/Main, Berlin, Wien 1972, S.61

SATANISMUS UND BANALITÄT: DIE FLUCHT INS IMAGINÄRE

Joris – Karl Huysmans: "Là – bas"

An Mme de Chantelouve im Roman "Là – bas" demonstriert Huysmans die zunehmende Interesselosigkeit des Helden Durtal bei wachsender Realitätsnähe. Sie wird als Unbekannte eingeführt, die Durtal glühende Liebesbriefe schreibt und seine Begierden damit derart anfacht, daß ihn das Phantom permanent beschäftigt. Die Freigabe ihrer Identität durch ihren Besuch verändert noch nicht die Spannung, da die Chantelouve rätselhaft bleibt. Die Widersprüche ihres Verhaltens, Lockung gepaart mit Zurückweichen, stacheln Durtals Eroberungswünsche an, die jetzt den Platz ausfüllen, den vorher seine Versuche einnahmen, sich Gesicht, Figur und Lebensumstände der Unbekannten vorzustellen. Mit peinlicher Akribie bereitet er Mme de Chantelouves nächsten Besuch vor, bei dem er sie "besitzen" will. Nach einem umfassenden Wohnungsputz wird die Szene ausgedacht und geprobt: "...wie soll ich es machen, wenn sie kommt?"[1] Jeder Schritt wird abgemessen, und Durtal erlebt alles für ihn Genußvolle in dieser Vorwegnahme, die mit Unsicherheit und Erwartung vermischt ist.
"Sie tritt ein, gut, ich fasse ihre Hände und küsse sie; dann bringe ich sie hierher, in dieses Zimmer und lasse sie sich am Feuer in diesen Sessel setzen. Ich aber richte mich ihr gegenüber in diesem kleinen Stuhl ein und kann, wenn ich ein wenig vorrücke und ihre Knie berühre, ihre Hände ergreifen und umschlingen; dann bleibt nur ein Schritt, um sie sich zu mir neigen zu lassen, worauf ich mich erheben werde. Dann erreiche ich ihre Lippen, und mir ist geholfen!"[2]

---

1) Joris – Karl Huysmans, Tief unten, dt. von V.H. Pfannkuche, Frankfurt/ Main, Berlin, Wien 1971, S.150
2) ebd., S.150

Die Planung der Situation gemahnt an die Ausarbeitung einer Kampfstrategie. Der Kontakt mit dem "Feind" muß bis ins kleinste Detail durchorganisiert werden, ihm darf nicht die Möglichkeit einer Eigeninitiative überlassen bleiben, da sonst die Übersicht und Überlegenheit verlorengehen könnten. Diese Ordnungssucht steht unmittelbar in Bezug zum Herrschaftswunsch, der sich in der Sprache äußert, mit der die sexuelle Begegnung ausgemalt wird. "Ich muß sie also ebenhier besitzen, und sie muß sich einbilden können, ich verliere den Kopf, während sie unterliegt."[3] Wie gebrochen das Herrschaftsvermögen des Helden, wie unsicher er seiner Potenz ist, zeigt seine Angst vor jeder "lächerlichen Verzögerung". Er entfernt seine Hosenträger und hofft darauf, daß auch die zu Verführende so umsichtig ist, kein umständliches Korsett zu tragen. Auf dem Weg der Vorstellung vom abstrakten zum konkreten Begegnen gewinnen die Gefühle der Lächerlichkeit und Peinlichkeit die Oberhand. Einzig die Ungewißheit, ob er ihre Zustimmung erreichen kann oder nicht, fasziniert ihn noch. Sie kommt und enttäuscht ihn zu seiner Erleichterung. Sie kennt das Spiel, ist von den gleichen Befürchtungen geplagt, setzt sie aber geschickt zur Steigerung ihres Wertes ein, begleitet von einer aufreizenden Unverschämtheit. "Sie würden geringer sein als meine Chimäre, als der Durtal, den ich anbete und dessen Liebkosungen meine Nächte toll machen!"[4] Sie spiegelt seine Empfindungen, verletzt ihn aber damit, weil er sich als konkrete Person begehrt wissen will. Mit der Übernahme seiner Position drängt sie ihn in eine Passivität, die seine Ordnung gefährdet.

Die nächste Begegnung findet in ihrem Salon statt; der Kuß, während ihr Mann im Nachbarzimmer ist, wird der einzige sein, den Durtal genießen kann. Nicht die reale Gefahr, aber die Möglichkeit der Gefahr, erhöht seine Lust, die sich in seinen erregten Gedanken jedoch erst einstellt, wenn er zu Hause, die Füße in Pantoffeln, sich die Szene wieder vergegenwärtigt.[5] Indem sich aber die Frau "verpflichtet, ihm morgen nachzugeben"[6], verliert sich seine Er-

3) ebd., S.151
4) ebd., S.154
5) Vgl. ebd., S.2U2
6) ebd., S.178

wartung. Am nächsten Tag "fehlte (es) ihm an Ungeduld (...), vibrierte er nicht mehr mit dieser fast schmerzhaften Schwingungsstärke, in die ihn bisher das fiebrige Warten auf diese Frau versetzt hatte."[7] Seine Vorbereitungen trifft er nun ohne Elan, er fühlt sich träge und lustlos. "Er schürte stumpfsinnig die Glut auf der Feuerstelle"[8], ohne daß ein Funken auf ihn überspringt. In Verkennung der Zusammenhänge fragt er sich, ob "infolge ewigen Wartens seine Wünsche entweder versiegt oder ermattet"[9] seien. Seine Angst bleibt ihm unbewußt, er reagiert nur mit Abwehr auf die nun schon bekannte Situation. Doch Mme de Chantelouve überrascht ihn erneut: "Ich bitte Sie, lassen Sie uns auf dieses verzichten; einzig die Sehnsucht ist gut."[10] An seinem nun wieder erwachten Interesse offenbart sich der Mechanismus der Wunschproduktion: das Gegenteil des Erreichbaren muß um jeden Preis angesteuert werden. Eine Einigung, eine Übereinstimmung der Bedürfnisse gäbe den Weg frei zur realen Umsetzung; der Wirklichkeitsgewinn zerstörte die Idealisierung und konfrontierte ihn mit der eigenen und des anderen Insuffizienz. Er besteht auf seiner Forderung: "...du wirst ihn tanzen heute abend, den Tanz"[11]. Sein Arrangement, sie auf dem Teppich vor dem Feuer zu "nehmen"[12], scheitert an ihrem Widerstand, und sie begibt sich, ihn ernüchternd, in sein Schlafzimmer. Dies verwandelt sich ihm in ein "Sterbezimmer", die Angebetete in "eine Frau, die sich wie jede beliebige bei einem Manne auszog"[13]. "Jetzt, da sie sich hingab, begehrte er sie nicht mehr!"[14] Wie nicht anders zu erwarten, bringt die "Erfüllung" seiner Wünsche nur Enttäuschung, obwohl Mme de Chantelouve seiner Sehnsucht nach Extremem und Ungewöhnlichem entspricht. Ihr Körper ist "geschmeidig wie eine Liane und starr zu-

7) ebd., S.179
8) ebd., S.179
9) ebd., S.179
10) ebd., S.180
11) ebd., S.180
12) Vgl. ebd., S.151 u. S.181
13) ebd., S.181
14) ebd., S.182

gleich"[15]. Er "empfand das außerordentliche Erlebnis eines krampfigen Brandes in einem Verband aus Eis"[16]. Doch gemessen an seinen gedanklichen Eskapaden – "Er hatte sich aufschwingen wollen (...) ins Außerweltliche in unerforschlichen und übernatürlichen Freuden"[17] – wird die Chantelouve ihm zum Gewöhnlichsten; sein Ekel vergleicht sie mit dem "Stumpfsinn einer brünstigen Modistin"[18]. Keine ihm erreichbare Frau kann ihn befriedigen, selbst wenn sie alle Qualitäten und Eigenschaften besäße, die er sich ausdenkt. Ihr Makel liegt in ihrer Präsenz, die ihn das Besondere nicht mehr sehen läßt. Durtal ordnet das einzelne Wirkliche seinem Schematismus unter und entläßt es sinn– und gefühlsentleert. Daraus resultiert eine Erfahrungsunfähigkeit, die ihrerseits seine Weltansicht zu rechtfertigen scheint, sie aber aufs neue hervorbringt. So befindet er sich in einem Zirkel, dessen Auflösung durch Selbststabilisierung verhindert wird. Die Leere, die er empfindet, lastet er emotional der Frau an: "Letzten Endes öden mich alle diese weiblichen Holperwege an – hier, wo alle Frauen sich in einer einzigen vereinen."[19]

Die Wirklichkeit verschmilzt alle Frauen zu einer: die Realität des Sexuellen, d.h. der Begattungsakt, kennt keine Variation. Die Frau – oder die Frauen – sind die Vertreter dieses Prinzips leiblicher Sexualität, das Durtal, im Gegensatz zur Idealität seiner imaginierten Sexualität, so wenig Genuß bereiten kann. Quält ihn sporadisch sein Fleisch, kann er "für zwanzig Franken fleißiger ausgearbeitete Krisen kaufen (...), einzig die Dirnen verstehen die kleinen Leckerbissen der Sinne zu bereiten!"[20] Jede mögliche von ihm geforderte Anteilnahme an einem außerhalb seiner selbst Liegenden vermindert seine Lust. Eine andere Person wird zur störenden Sache. Er reflektiert über seine Unzufriedenheit nach der sexuellen Begegnung mit

15) ebd., S.183
16) ebd., S.184
17) ebd., S.184
18) ebd., S.185
19) ebd., S.185
20) ebd., S.212

Mme de Chantelouve und kommt zu dem Schluß, daß ein krankhafter Trieb ihn zwingt, "sein Ideal selbst zu beschmutzen, sowie man es erreicht!"[21] Die Mechanismen dieser "Beschmutzung" bleiben ihm verborgen, eine Vermeidung der Leiderfahrung sucht er in noch rigiderem Verzicht auf Praxis. "Ja, ich hatte Recht, (...) daß es nichts wahrhaft Gutes gibt denn allein die Frauen, die man nicht besessen hat. Zwei, drei Jahre zu spät, wenn die Frau nicht mehr zugänglich ist, (...) fern, vielleicht tot – dann erfahren, daß sie einen liebte, (...) das ist der Traum (...). Einzig in diesen zugleich wirklichen und unantastbaren Liebesverhältnissen liegen Werte, in diesen Erlebnissen, die aus schweifender Melancholie bestehen und aus lauter Bedauern! Und es ist auch nichts Fleischliches darin, keine schmutzige Hefe!"[22]

Die Frau als eigenständiges Wesen wird radikal eliminiert, als Idee ins männliche Subjekt hineingenommen, wo sie als Auslöser von Empfindungen dient, die er lieben kann. Er liebt seine Liebe; die Liebe der Frau wird reduziert zur Funktion seiner Selbstbestätigung im Medium der Melancholie. Diese wirft ihn auf sich selbst zurück, er bleibt ausschließliches Objekt seiner Emotion. Der schon oben angedeutete Zirkel garantiert ihm Unendlichkeit durch Aufhebung der Ich–Grenze, die sich in der Berührung mit einem anderen schmerzlich wieder in Erinnerung bringt. Die Abwertung des Leibes erfolgt daher nicht aus moralischen oder religiösen Gründen, sondern sie ist notwendiges Ergebnis eines umfassenden Versuchs der gedanklichen Vernichtung aller außerhalb des eigenen Ich existierenden Realität. Er zeitigt einmal eine abstrakte Negation der Gegenwart, ersetzt die Jetzt–Zeit Durtals durch eine vergangene, die als erinnerte ins Subjekt hineingeholt wird. Er beinhaltet zum anderen die imaginative Verkehrung eines Herrschaftsverhältnisses. Das Vergangene tritt nicht einfach an die Stelle des Gegenwärtigen – so fände nur ein Zeitwechsel im Bereich der äußeren Realität statt –, sondern wird durch den Akt der Vergegenwärtigung vom Subjekt

21) ebd., S.187
22) ebd., S.187

selbst hervorgebracht. Das Erinnern eines Vergangenen schließt daher die Verwandlung äußerer zu innerer Realität im Zeitwechsel mit ein, die Macht des Äußeren wird in der Aneignung im Gedanken gebrochen.
Das Vergangene wird präsent in der Gestalt Gilles de Rais' und seiner Folterknechte. Deren Bestialität verdrängt die "Banalität" der Zeitgenossen Durtals. "Mit dem Tage, an dem Durtal in die erschreckende und köstliche Zeit des ausklingenden Mittelalters tauchte, hatte er das Sprießen der Wiedergeburt gespürt. Er begann in friedvoller Verachtung der Umgebung zu leben, (...) in restlosem Einvernehmen (...) mit diesem Ungeheuer."[23] Die Wahl der Thematik offenbart ein Aggressionspotential, das sich mit einer abstrakten Ignorierung des Äußeren nicht zufriedengeben kann, auch wenn es Durtal selbst so erscheint. Die "friedvolle Verachtung" basiert auf einem Nachvollzug der mörderischen Szenen, die in seiner Phantasie für eine Aggressionsabfuhr sorgen. Das Ausagieren selbst aber zeigt, daß die Vernichtung das Konkrete zum Ziel hat. In der Phantasie wird es hingeschlachtet; im Kontakt mit der Wirklichkeit – der sich ja nicht immer vermeiden läßt – wird dem Konkreten die emotionale Energie entzogen und es damit unlebendig gemacht.

In Durtals Bild von Gilles de Rais verbinden sich Vernichtungswunsch und Sexualität. Die Opfer, männliche und weibliche Kinder, werden vergewaltigt, zerschlitzt, zerstückelt. Minutiös werden die unterschiedlichen Praktiken geschildert; die Wollust der Imagination kann sich ungestört entfalten. "Als leidenschaftlicher Künstler küßt er mit verzückten Schreien die wohlgestalteten Glieder seiner Opfer; er veranstaltet eine Schönheitskonkurrenz des Grabes – und wenn von diesen rumpflosen Häuptern eines den Preis erhielt, dann hob er es auf an den Haaren und küßte voller Leidenschaft die kalten Lippen."[24] Durtals Traum der Liebe gipfelt in einem ähnlichen Bild "von erloschenen Liebkosungen auf vergessenen Stirnen toter Frau-

23) ebd., S.19
24) ebd., S.164

en"[25]. (Vgl. dazu Abb. 9.) Der Künstler attestiert dem Künstler, daß er sich "niemals auf der wimmelnden Ebene, in den Pampas der Seele"[26] bewegt habe; Durtals und Gilles' Identität vereinen sich in dem Wunsch nach dem Extraordinären: "Fern allen mittelmäßigen Leidenschaften übersteigert er sich abwechselnd im Guten wie im Bösen und taucht (...) in die polaren Abgründe der Seele."[27] Die in ihn (durch die Phantasie) hineingenommene Außenwelt kann Durtal allmächtig zerfleischen. Seine Lust besteht in einer Abreaktion seiner Aggressionen. Die Imagination ist für ihn der alleinige Weg zu seinem Ziel. Unauflöslich verknüpft sich das Denken als Vorgang mit der emotionalen Besetzung von Destruktion und Lust. In der Introjektion des Objekts, dem die Destruktion gilt, liegt gleichzeitig eine Selbstdestruktion. "Ich bin die Wunde und das Messer (...), das Opfer und der Henker."[28]

Dieses Reflexionsniveau erreicht Huysmans nicht, sein Held verharrt in einer Halbheit, die ihm die Konsequenz seiner Haltung erspart; sein Ausflug ins Satanische bleibt kokett.[29] (Vgl. dazu Abb. 17.) Gerade dadurch kann er zum Repräsentanten des sich ins Innenreich zurückziehenden Bürgers werden, der im Ingrimm (des Gedankens) das Schwächere schlägt und nicht realisiert, daß er sich damit selbst trifft.[30] Seine Teilnahmslosigkeit verwandelt den Alltag in die Banalität, die ihn anödet, in den "ewigen Wechselgesang des verdrießlichen langweiligen Lebens"[31]. Seine praktizierte Sexualität ist nicht satanisch, sondern schlicht gefühllos. Während sein Geist von der Idealität außerordentlicher Verirrungen träumt[32], wird sein Körper zur Maschine. Sein Freund spricht aus, was ihn immerhin noch

25) ebd., S.188
26) ebd., S.213
27) ebd., S.213
28) Charles Baudelaire, L' Héautontimorouménos, in: Die Blumen des Bösen – Les fleurs du mal, München 1979, S.268 (Übersetzung von der Verf.)
29) Der Satanismus bei Stanislaw Przybyszewski hat einen ähnlichen Stellenwert, vgl.: Totenmesse, Berlin 1900
30) "Nun er nicht mehr an dieser Frau hing, entflog jegliche Galanterie, jegliche Umständlichkeit." (Huysmans, Tief unten, a.a.O., S.202)
31) ebd., S.201
32) Vgl. ebd., S.176 ff.

bedrückt: "Sieh die Maschinen an, das Spiel der Kolben in den Zylindern: es sind, in gußeisernen Julias, stählerne Romeos; die Arten des menschlichen Ausdrucks unterscheiden sich keineswegs vom Hin und Her unserer Maschinen."[33] Die Maschinenhaftigkeit des Körpers korrespondiert der Leere der Realität und der Destruktivität der Gedanken. Abgeschnitten von jeglicher Praxis – und schon gar der politischen –, werden Neubelebungen religiöser und okkulter Spekulationen zum intellektuellen Ventil. Durtals Alltag spiegelt gute bürgerliche Sitte: "...niemals den fleischlichen Akt vollziehen mit der, die man liebt, und (...) mit denen verkehren, die man nicht liebt."[34]

Huysmans' literarisches Programm vertritt einen "spiritualistischen Naturalismus"[35]. Er will "vom Realismus die Wahrhaftigkeit der Beurkundung, die scharfe Genauigkeit der Darstellung im einzelnen, die gegenständliche und nervöse Sprache wahren, aber (...) zugleich im Brunnen der Seele schöpfen..."[36] Zur Illustration zieht er die Beschreibung einer Kreuzigung von Grünewald heran, den er den "Besessenste(n) unter den Realisten (...) (und) unter den Idealisten"[37] nennt. In Grünewald entdeckt er einen Künstler, der seiner Vorstellung vom Extremen gerecht wird und sich schon aus diesem Grund von dem "ekelerregenden Geschmack der Masse"[38] abhebt. "Er hatte, triumphierend im Kot, die feinsten Minzen der Liebe, die schärfsten Essenzen der Tränen destilliert (...), das Meisterwerk bedrängter Kunst, die unter dem Geheiße steht (...), die tränenverschwemmte Unsauberkeit des Körpers zu bekunden, die unendliche Not der Seele ins Erhabene zu steigern."[39] Grünewald wird mißbraucht, Huymans' Vorliebe für die Vergenüßlichung des Leidens zu demonstrieren, eines Leidens, das besonders dann in kräftigen Wor-

33) ebd., S.189
34) ebd., S.189
35) ebd., S.7
36) ebd., S.6 f.
37) ebd., S.12
38) ebd., S.4
39) ebd., S.12

ten beschrieben wird, wenn es jenseits existenzieller Not bleibt. Eine Kreuzigung von Grünewald zu zitieren hat daher schon blasphemischen Charakter.
Huysmans' Roman "Là – bas" zeichnet sich durch außerordentliche Larmoyanz und Effekthascherei aus und trifft (sicher unbeabsichtigt) einen Typus des Unbefriedigten, gesellschaftlich überflüssig Gewordenen, dessen Leben durch Wirklichkeitsflucht und Verdrängung der eigenen Konflikte gekennzeichnet ist. Der Schriftsteller Durtal geißelt den Naturalismus, der "die bürgerliche Ideologie vertreten"[40] habe, und lebt und denkt dieselbe exemplarisch, ohne sich dessen bewußt zu werden. Er ist der Nörgler, den es nach der Idealität verlangt, der sich mit der schlechten Wirklichkeit arrangiert oder sie negiert, je nachdem, ob als Privatmann oder Künstler. Durtals Privatleben ist die Kunst Huysmans', der ihn über die Onanie des Gehirns philosophieren läßt und sie dem Leser gleichzeitig präsentiert.
Der Roman dokumentiert Kraus' Aphorismus: "Ein Weib ist manchmal ein ganz brauchbares Surrogat für die Selbstbefriedigung. Freilich gehört ein Übermaß an Phantasie dazu."[41]

40) ebd., S.4
41) Karl Kraus, Aphorismen, in: Sprüche und Widersprüche, aus: Beim Wort genommen, hrsg. von H.Fischer, München 1955, S.33

ZEREBRALE WOLLUST: DER AUTOR ALS AUSBEUTER

Maurice Barrès: "Du sang, de la volupté et de la mort"

In der Erzählung "Vergeudete Kleinode" der Sammlung "Vom Blute, von der Wollust und vom Tode" schreibt Maurice Barrès: "Sollte einmal einer von uns eine Geschichte der zerebralen Wollust schreiben wollen ..."[1]

Die hier analysierte Literatur zeigt die unterschiedlichsten Erscheinungsformen dieser zerebralen Wollust, die sich sowohl formal als auch thematisch äußert. Der Akt des Schreibens verewigt die Imagination, die im Prozeß wie im hervorgebrachten Bild ihre Befriedigung findet. Die Imagination kann ihr Produkt als äußere Realität vorstellen oder eigenständig der Wirklichkeit entgegensetzen und ihm damit eine neue Qualität zuerkennen. In dieser Position hat sich die äußere Realität an der inneren zu bewähren. Setzt diese den Maßstab der Unendlichkeit und Ewigkeit, hat sie den Sieg über jene davongetragen.

In "Die Legende einer Kosmopolitin" zeigt Barrès am Leben der Marie Bashkirtseff die notwendige und begrüßte Unmöglichkeit einer Befriedigung an realen Menschen und Dingen, "...weil keine der vergänglichen, das Weltall erfüllenden Formen (...) das Unvergängliche, das Göttliche bringt"[2]. Der an der Unbegrenztheit der Phantasie gewonnene Wunsch stilisiert sich zum religiösen Empfinden[3], an die Stelle der göttlichen Offenbarung tritt die selbstherrliche Imagination, an die Stelle Gottes das omnipotente Subjekt.

1) Maurice Barrès, Vergeudete Kleinode, in: Vom Blute, von der Wollust und vom Tode, Berlin 1918, S.120. Alle angeführten Titel von Barrès sind in dieser Sammlung enthalten.

2) ders., Die Legende einer Kosmopolitin, a.a.O., S.304

3) ebd., S.305

Barrès entdeckt dennoch eine Möglichkeit, an Menschen und Dingen eine Befriedigung zu erleben: ihre Vergänglichkeit selbst, der Makel, der ihnen anhaftet und dessentwegen sie als Wesen nicht geliebt werden können, ist ein Ewiges und genügt damit dem Anspruch. "Vergänglich sein, das ist die köstlichste Qualität. In seinen Armen mit jedem Tage die Geliebte verfallen sehen, das erst vollendet mit einer unvergleichlichen Melancholie den Genuß, den sie uns gewährt. Es gibt keine wirkliche Gefühlsintensität, in die sich nicht die Idee des Todes mengte."[4] (Vgl. Abb. 5.) Nicht der reale Tod des einzelnen oder vieler, sondern wiederum die ins Subjekt hineingenommene, innere Realität, die Idee des Todes, weckt die Empfindung. "Der Zufall fügte es, daß (...) eine schreckliche Feuersbrunst ausbrach, der fast alle Frauen zum Opfer fielen. Der Cäsar, (...) der geweint hatte beim Gedanken, daß sie sterben müßten, weinte nicht, als sie gestorben waren."[5] Parallel dazu: "Als er [Xerxes] von den Ufern des Abydos aus sein ungeheures Heer überblickte, (...) da gab er sich den Genuß der Tränen bei dem Gedanken, daß von allen diesen Männern keiner mehr in hundert Jahren am Leben sein werde."[6] Die Tränen, Ausdruck der Lust an der Rührung, werden durch die Vorstellungen der Vergänglichkeit und die der Qual anderer hervorgerufen. Die Phantasie reproduziert daher permanent Bilder, die sich in der Stimulation der Emotionen bewährt haben. Wie die Phantasie arbeitet, zeigt Barrès in der Erzählung "Entschuldigung vor Berenice". Berenice wird im ersten Satz eingeführt als ein junges Weib, das der Erzähler gut kennt und liebkost. Die vorgestellte reale Existenz der Berenice wird schon relativiert, indem er sie in einer zu ihren "melancholischen und fiebrischen Gefühlen (...) passende(n) Atmosphäre"[7], in Aigues–Mortes, wohnen läßt[8]. Berenice und Aigues–Mortes sind ein

4) ders., Vergeudete Kleinode, a.a.O., S.120
5) ders., Von der Wollust Cordovas, a.a.O., S.116
6) ders., Vergeudete Kleinode, a.a.O., S.121
7) ders., Entschuldigung vor Berenice, a.a.O., S.107
8) Vgl. auch das frühere Auftauchen einer fiktiven Berenice in einem Roman von Maurice Barrès: Le jardin de Bérénice, in: Le culte du moi III, Paris 1922

"totes Wasser", aus dem "Träume zur untergehenden Sonne steigen"[9]. Aus der – möglicherweise realen – Person und einer Stadt mit ihrer Umgebung entsteht ein Bild, dem die Empfindung entgegengebracht wird. Durch die Entdeckung einer anderen, die Phantasie noch mehr beflügelnden Stadt und Landschaft, Toledo, stellt sich dem Erzähler die Frage, ob es ihm gelungen ist, in Aigues–Mortes Berenice in erwünschter Weise leiden zu lassen: "Toledo (wäre) für Berenice ein äußerst konvenabler Käfig gewesen, für dieses Kind, das keine andere Mission hatte, als spröde Imagination weich zu machen."[10] In Aigues–Mortes konnten sie die Fieber der Sümpfe quälen, in Toledo die auf spitzen Steinen wundgelaufenen Knöchel, "daß sie weinte"[11]. Ihr Schmerz, die Vorstellung ihres Schmerzes, läßt die Imagination weich werden, so wie ihre gedachte Einsamkeit, die zwischen den kahlen Felsen Toledos noch augenscheinlicher wäre, das Gefühl der Ergriffenheit auslöst. Indem ein anderer leiden gemacht wird, kann neben einem sadistischen Bedürfnis auch das nach Mitleiden befriedigt werden. "In Toledo, mein kleines Mädchen, hatte ich dich von der Sonne aufessen lassen."[12] Der Ausklügelung physischer Martern folgen Szenarien der seelischen Tortur: "Wenn übrigens die wilde Herbheit von Toledo nicht genügte, um Berenice zu Boden zu drücken und sie uns so rührend zu machen, wie es uns nötig ist, durch ein letztes wüßten wir sie zu quälen: (...) da zeigten wir ihr das ausgehungerte Kind."[13] Was Berenice quälen soll, erscheint in der Gestalt äußerer Verursachung. Die Umgebung, das Klima, die Unbequemlichkeit der Straße und die Armut anderer lassen sie zum Opfer werden, ergeben zusammen ihr Schicksal. Dieses wird dadurch noch verschärft, daß sie aus der Üppigkeit des Lebens, vielleicht aus Malaga, in die Kargheit und den "Asketismus des alten Spaniens"[14] versetzt ist. Im Kontrast verstärkt sich die Empfindung ihres unverschuldeten Leidens für

9) ders., Entschuldigung vor Berenice, a.a.O., S.107
10) ebd., S.108
11) ebd., S.108
12) ebd., S.109
13) ebd., S.109
14) ebd., S.110

den, der sie wie eine Marionette lenkt. "Uns die Traurigkeit gehinderter Instinkte aufzuweisen, das war schon deine Rolle in Aigues-Mortes",[15] in Toledo "rührst (du) (...) an noch mehr Imaginationen, wenn du deine Hüften deutlicher schwingst"[16].
Die von Barrès geschaffene Berenice steht zu ihrem Autor in einem ebensolchen Abhängigkeitsverhältnis wie das gläubige Geschöpf zu seinem Schöpfer. Der allmächtige Barrès hat sie in Aigues-Mortes leben lassen, sie ihrem von ihm inszenierten Schicksal ausgesetzt, hinter dem er verschwand, wie hinter einer Kulisse. Nun entschuldigt er sich bei seinem Geschöpf, daß er ihm kein anderes Leben bereitet hat, eines, das die Freuden hätte enthalten können, mehr zur physischen als zur psychischen Animierung der Männer zu dienen. "Anstatt eine von jenen zu sein, an denen die müdgedachten Hirne Geschmack finden, würden dich die Arme leidenschaftlicher Männer pressen. Und daß ich es versäumt habe, dir diese Freuden aufzurichten, dafür entschuldige mich, o meine zarte Weinerin!"[17]
Barrès schafft ohne jede Verbrämung weibliche Gestalten als Seelen- und Körpernahrung seiner männlichen Helden. In seiner Erzählung "Ein Amateur der Seelen" wird die Halbschwester Delrios, die er Pia nennt, von ihm mit großer Kunst zu einem Wesen abgerichtet, an dem er sich delektieren kann. Psychische Erschütterungen sollen sie sensibler und nervöser und dadurch seinen Manipulationen zugänglicher machen. Ihre Liebe zu ihm, die ihr Gewissen quält, bereitet ihren Selbstmord vor. "Du wirst sterben, meine geliebte Vollkommene, in meinen Armen wirst du mit dem Tode ringen"[18], entzückt sich Delrio, der ihren Leichnam lieben wird. Er hat in Pia alles ihm Fremde ausgetilgt, mit ihrem Leben schwindet das Letzte, was ihm nicht gehört. "Nimm unter deinen Tränen mein Bild in deine Augen auf, daß ich über seinem Widerschein, (...) dir, geliebtes Kind, die Lider schließe."[19] Sein Bild tritt das Erbe ihrer Lebendigkeit an; derart Spiegel seiner selbst geworden, kann er Pia

15) ebd., S.110
16) ebd., S.111
17) ebd., S.111
18) ders., Ein Amateur der Seelen, a.a.O., S.48
19) ebd., S.48

begehren: "...wie so sehr liebe ich dich, so blutüberströmt! und wie verlangt es mich nach dir unter dieser Blässe und Röte des Todes!"[20] Die Sättigung des Herrschaftswunsches ist nur durch die Zerstörung der Person zu erreichen, auf die sich der Wunsch bezieht. Die Grausamkeit verwandelt sich dabei von einem Mittel zum begehrten Selbstzweck, eingebunden in die verwandelte emotionale Besetzung des Todes. Die Grausamkeit des Todes wird absorbiert, indem er zum eigentlich Ewigen uminterpretiert wird. Das Leben als vergängliches wird abgewertet, der Schmerz verdrängt, in der Deutung, daß die Ewigkeit des Todes das tatsächliche Leben und das vergängliche Leben der Tod ist. In dieser Umkehrung sind die Verleugnung des eigenen Todes und die vom Gewissen nicht verfolgte Tötung anderer ermöglicht. Dem Individuellen als Ausdruck der Veränderbarkeit und Vergänglichkeit wird die Existenzberechtigung von dem Individuum entzogen, das sich selbst in seiner Phantasie zum Omnipotenten, Unendlichen macht. Der Absturz in die Einsicht der eigenen Nichtigkeit durch Konfrontation mit den Grenzen der Individualität muß verhindert werden. Dies geschieht in einem permanenten Kampf, der die Verblendung durch Vernichtung all dessen, was nicht das Ich ist, aufrechterhalten soll. Der von Delrio initiierte Selbstmord der Schwester ermöglicht erst seine Selbstkonstituierung. "Delrio fühlte von diesem Tode eine unvergängliche Wunde; das Andenken an die Pia gab seiner Seele etwas Konstantes und von nun ab ward er glücklicher, da er einen empfindlichen Punkt hatte, um den herum er seine Persönlichkeit gruppieren und festigen konnte."[21]

Barrès interpretiert im "Besuch bei Don Juan" die Lust am Tode in gängiger Weise als Resultat überanstrengter Nerven. Die gewöhnlichen Genüsse können nicht mehr befriedigen, durch "schon viele Arten der Erregung erschöpft (...), reizen diese Schrecken (die) sonst stumpfe Sensibilität"[22]. Die Überfeinerung der Nerven korrespondiert einem maschinalen Körperempfinden. Nur unter

20) ebd., S.49
21) ebd., S.49
22) ders., Ein Besuch bei Don Juan, a.a.O., S.125

großen Anstrengungen lassen sich Leib und Seele für einen Moment so koordinieren, daß die "zerebrale Wollust" eine körperliche Befriedigung auslöst. Die Sexualität muß daher an etwas gekoppelt werden, das die Imagination erregt. So schreibt Barrès: "...eine Geliebte und ein Skelett, sie allein sind ernsthaft noch imstande, unsere armselige Maschine, die alles ermüdet, noch etwas in Tätigkeit zu bringen"[23]. Die Emotion, die nicht auf ein anderes, sondern nur auf das eigene Ich als Liebesobjekt gerichtet ist, verhindert eine positive Bestzung des eigenen Körpers, da er als bedürftiger die Sehnsucht nach einem anderen schmerzhaft festhält. Die Befriedigung des Körpers gerät so, abgetrennt von der emotionalen Beteiligung, zur Konsumtion, die wiederum eine konstante Körperbefriedigung verhindert. "So träumte er von außergewöhnlichen Liebschaften und abwegigen Lüsten und übte sie auch aus (...); gebrochen vor Abspannung, fielen seine Sinne in Lethargie; (...) ein unendlicher Ekel bedrückte ihn."[24] In diesen Zustand versetzt beispielsweise auch Huysmans seinen Helden Des Esseintes, der, in seiner Kindheit und Jugend verlassen, sein Leid und seine Trauer rächen will. Ihn überfällt "eine wütende Lust, auf Kissen aus Fleisch sich auszutoben, bis zum letzten Tropfen die heftigsten und bittersten sinnlichen Rasereien auszukosten"[25]. Diese "Rasereien" sind mechanisch und einsam; in der Rache aktualisiert sich sein Schmerz und fordert von neuem Vergeltung. Das Sexualverhalten perpetuiert die Enttäuschung; Huymans' Des Esseintes reagiert mit Impotenz und isoliert sich gänzlich von der Außenwelt, Barrès' Don Juan findet eine "bittere Lust an den Greueln der Verwesung"[26]. Nicht die bei beiden Autoren als Ursache angegebene "Überreizung der Sinne" zeitigt ein Verlangen nach "abwegigen Lüsten". Dieses läßt sich eher verstehen als ein Ausdruck zerstörter Sinnlichkeit, die nicht durch eine "Überfeinerung der Nerven", sondern durch eine Abspaltung der psychischen Energie vom eigenen Körperempfinden entsteht.

23) ebd., S.125
24) Joris – Karl Huysmans, Gegen den Strich, a.a.O., S.25
25) ebd., S.27
26) Maurice Barrès, Ein Besuch bei Don Juan, a.a.O., S.125

Barrès nennt Don Juan einen Gesättigten[27]; Huysmans gebraucht ein ähnliches Bild: Des Esseintes hatte "die Mahle des Fleisches mit dem Appetit eines (...) gierigen Menschen genossen, dessen Gaumen sich schnell abstumpft"[28]. Die Metapher des Essens, der Einverleibung, kennzeichnet treffend den Bezug zum Objekt, aus dem die Lust gesogen werden soll. Die aufs Ich zentrierte Welt erscheint nur unter dem Aspekt der Konsumierbarkeit, Menschen und Natur sind der Verachtung preisgegeben[29]. Die Unerfüllbarkeit, mit der sich diese Haltung rächt, offenbart sich ebenso bei Don Juan: er ist ein Mann, "der zu seinem Grimme, das Glück nicht zu finden, diese Bitterkeit gibt, den Schmerz in der Welt zu propagieren"[30]. Die Haltung der sexuellen Einverleibung findet sich gepaart mit der Lust an Zerstörung, die aktiv wie passiv genossen werden kann. Es ergeben sich also drei Momente, die sich gegenseitig bedingen und vorantreiben: die Isolation des Ich produziert eine Gier nach Sättigung, die ein Liebesobjekt in einen Gebrauchsartikel verwandelt; so begibt sich das Ich seiner Befriedigungsmöglichkeiten. Die aus der Enttäuschung entstehende Leere steigert das Bedürfnis nach Aneignung des Liebesobjekts und schlägt in dessen Vernichtung um. Die Isolation findet sich bestätigt und sanktioniert in einer großartigen Interpretationsleistung den Raubbau: Vergeudet sind die "Juwelen", die nicht so genossen wurden. Der Erzähler entdeckt diese Schätze: "Fünftausend Sevillianerinnen!" in einer Tabaksfabrik. "Jenen, die die Tränen einer Frau zu genießen wissen, hätten diese schwarzen Augen unvergleichliche Tränen geben können"[31]. "Für höhere, raffiniertere Regungen geschaffen, befriedigen diese so hübschen Geschöpfe nur die allergewöhnlichste Sinnlichkeit. Das heißt Perlen wegwerfen."[32]

27) ebd., S.125
28) Joris–Karl Huysmans, Gegen den Strich, a.a.O., S.24
29) "Seine Verachtung für die Menschen wuchs" (ebd., S.24).
30) Maurice Barrès, Ein Besuch bei Don Juan, a.a.O., S.127
31) ders., Vergeudete Kleinode, a.a.O., S.119
32) ebd., S.120

NACH DEM BILDE DES HERRN: DER MANN UND SEINE MASCHINE

Villiers de l'Isle – Adam: "L'Eve future" – Alfred Jarry: "Le surmâle"

In Villiers de l'Isle – Adams langatmigem Roman "Die Eva der Zukunft" wird von dem genialen Wissenschaftler Edison die ideale Frau erschaffen, die entweder als Serienprodukt[1] die Prostituierten und Kokotten, die die Männer verderben, ersetzen oder, wie im speziellen Fall des Lord Ewald, als Einzelanfertigung die seine Seele widerspiegelnde Lebensgefährtin sein soll.
Lord Ewald verliebte sich in Alicia, eine Frau von vollendeter Schönheit: "Dieser herrliche Körper, der in Wahrheit die Pracht der Venus victrix ins Leben rief, ist von der Blässe der Tuberosen. Ihr reiches braunes Haar ist strahlend wie eine südliche Nacht (...), ihr grausamer Mund (...) eine blutige (...) Nelke. (...) Ein Duft (...) umweht diese Menschenblume, ein Duft, der verzehrt, berauscht und entzückt."[2] (Vgl. Abb. 3.) Dieses lebendige Traumbild (Konfektionsware der Sehnsucht)[3] das sich in Alicia verkörpert hat, enttäuscht den hoffnungsvollen Lord aufs grausamste. In ihrer göttlichen Gestalt wohnt eine "Mediokrität", der "gesunde Menschenverstand"[4]. Sie ist eine Sphinx ohne Rätsel[5], ihr Interesse gilt der Wirklichkeit, dagegen sind ihr Dichtungen, "diese großen, für denkende Gemüter einzig geistigen Wirklichkeiten, (...) poetische

1) "Daß sie serienweise fabriziert und der erste beste Industrielle eine Manufaktur von Idealen eröffnen wird, ist gewiß nurmehr eine Zeitfrage." (Villiers de l'Isle – Adam, Die Eva der Zukunft, München 1972, S.266.)
2) ebd., S.53
3) Vgl. die Textsammlung: Ein wilder Garten ist dein Leib, hrsg. v. O. Basil, Wien, Hannover 1968, und Philippe Jullian, Mythen und Phantasmen in der Kunst des Fin de siècle, Berlin 1971
4) Villiers de l'Isle – Adam, Die Eva der Zukunft, a.a.O. S.71
5) ebd., S.68

Hirngespinste".[6] Alicia ist auf gesellschaftlichen Aufstieg und Ansehen bedacht, übt ihre Gesangs – und Schauspielkunst, um sich besser verkaufen zu können, und ihre verlorene Jungfräulichkeit betrachtet sie gefühlskalt als "Verlust eines Kapitals"[7]. Der männliche Geist der Positivität, der sich in ihr kundtut, wird von Ewald als monströs empfunden; er widerspricht seinen Vorstellungen vom Wesen einer Frau so fundamental, daß er sich ihren Tod wünscht. "Alicias Leiche zu betrachten, wäre mir eine Erfüllung, wenn der Tod nicht die traurige Zerstörung ihrer Züge mit sich brächte! (...) Ihre äußere Gegenwart, und wäre sie illusorisch, würde meinem entzückten und zugleich gleichgültigen Herzen genügen, da nichts diese Frau der Liebe würdig machen kann."[8] Er hat vielfältige Anstrengungen gemacht, sie umzuformen: "Eine Frau, dachte ich, ist das nicht ein Kind, das allen Einflüssen unterworfen ist...?"[9] Er unternimmt mit ihr (Um –)Bildungsreisen nach Deutschland, Italien, Spanien, treibt sie durch Museen, Galerien, will sie durch Wagner enthusiasmieren, aber weder Naturschönheiten noch Kunstwerke können ihren prosaischen Charakter nach seinem Wunsche beeinflussen. Eine Konfrontation mit ihrem Ebenbild im Louvre löst nicht den ersehnten Gefühlswandel aus, kaufmännisch kalkuliert sie: "Wenn man aber so viel Wesens um diese Statue macht, – dann werde ich auch Erfolg haben!"[10] Diese egoistische, "bourgeoise"[11] Frau ist ihm der Inbegriff des Abstoßend – Unweiblichen.

Wäre sie dumm[12] oder wenigstens stumm, wäre ihm ihr Bild, wie das der marmornen Venus, beredt: "Ich denke nur durch den Geist desjenigen, der mich betrachtet. Für den allein, dessen Geist mich widerspiegelt, bin ich ergründbar."[13] So aber führt Alicia ein

6) ebd., S.61
7) ebd., S.61
8) ebd., S.84
9) ebd., S.54
10) ebd., S.83
11) ebd., S.64
12) "Eine dumme und bescheidene Frau (ist) ein unvergleichlicher Schatz, die wahre Gefährtin..." (ebd., S.71).
13) ebd., S.73

Eigenleben: nicht so sehr der Inhalt ihrer Gedanken, sondern die Tatsache, daß sie andere Gedanken als die seinen hervorbringt, macht sie in Ewalds Augen seiner Liebe unwürdig. Nur als sein Echo hat sie eine Daseinsberechtigung. "Ist denn eine Frau, die jeder Dummheit bar ist, etwas anderes als ein Ungeheuer? (...) Was ist tödlicher, als das greuliche Geschöpf, das man eine 'geistreiche Frau' nennt?"[14] Ihre Gegenwart ist ihm durch ihre Erscheinung, die ihn in ihren Bann schlägt, notwendig geworden, gleichzeitig kann er seine "Wutanfälle" kaum zügeln[15], in die ihn ihre Selbständigkeit versetzt. Daß der eigentliche Grund seines Zorns und seiner Enttäuschung in der Stärke ihrer Person liegt, zeigt der Vergleich, den er zur Charakterisierung seines Zustandes heranzieht: "Dalila hatte mir im Schlaf die Haare geschoren"[16]. Ihre sexuelle Attraktivität stellt schon allein ein Gefahrenmoment dar, indem er durch sie den Verlust seiner Selbstbeherrschung erleidet. Er fühlt sich der "Leidenschaft verfallen", ihre Schönheit fesselt ihn, wie die "Million Fäden Gulliver in Liliput gefesselt haben"[17]. Nicht mehr Herr seiner selbst, nicht mehr "Liebhaber, sondern ein Gefangener"[18], kann ihm die gängige Form der Kompensation der Abhängigkeit, die Beherrschung des Objekts, nicht gelingen. Die ihm in seinem Verständnis zustehende Herrschaft über Alicia wird durch ihr "Denken" vereitelt.[19] Die Bedrohung, die somit von ihr ausgeht, ist eine doppelte; die Wiederherstellung seiner gebrochenen Autonomie ist nur gewährleistet in der Vernichtung ihrer Persönlichkeit. Ihm selbst verschleiert sich der Zusammenhang zwischen seiner Enttäuschung und seinen Unterlegenheitsängsten, die Alicias Eigenart herabwürdigen müssen. Ihr unpoetisches Wesen, das er als den größten Mangel begreift, drückt sich darin aus, "daß dieses

14) ebd., S.70

15) "Wie oft wünschte ich, erst sie und dann mich selbst zu vernichten!" ebd., S.69

16) ebd., S.69

17) ebd., S.69

18) ebd., S.80

19) "Bei Alicia ist nur das eine schade: daß sie denkt" (ebd., S.73).

traurige *Ich* nichts zu lieben vermag."[20] Die denkende Frau zeichnet sich durch ein Ich aus, eine Instanz, die sie liebesunfähig machen muß, da sie dadurch nicht vollständig auf den Mann bezogen lebt. Der Liebesbegriff, der diesem Verständnis zugrunde liegt, orientiert sich an einer Widerspiegelung. Der Mann liebt, indem er sich in der Frau spiegelt; die Frau liebt, indem sie den Mann spiegelt.[21] Entwickelt die Frau ein Ich, nimmt sie die Position des Mannes ein und erfüllt sie nicht mehr die ihr zukommenden Aufgaben, so wird sie als eine egoistische Person abqualifiziert, der "das einzige Gefühl, das uns erst zu wahren Menschen macht"[22], mangelt. Da er sie nun nicht mehr zu den Menschen zählen kann, hindert ihn auch nichts, "die ideale körperliche Hülle dieser Frau wie die Beute eines Krieges anzusehen".[23] Er will sie Meister Edison überantworten, der eine exakte Kopie ihres Körpers, ihrer Bewegungen, ihrer Stimme anfertigen, ihre Persönlichkeit aber durch ein Repertoire an seelenvollen Phrasen ersetzen wird. Sie soll ausgestattet werden "mit allen Gesängen der Antonia Hoffmanns, allem leidenschaftlichen Mystizismus der Ligeia von Edgar Poe, allen verführerischen Reizen der Venus des gewaltigen Komponisten Wagner"[24]. Diese synthetische Frau ist das durch Wissenschaft zum (elektrischen) Leben erwachte Konglomerat aller Männerträume, die sich bereits in der Kunst niedergeschlagen haben. Edison braucht nur in den großen Vorrat der Literatur zu greifen, um die gewünschten Liebesseufzer seiner Apparatur einzuverleiben. Auf Knopfdruck (die Knöpfe bestehen aus kostbarsten Edelsteinen, weil das bei einer Frau nicht auffällt) läuft das gewählte Programm ab. Edison verspricht dem Lord: "Ich werde die Albernheit in ihr [Alicia] ertöten, zum Mörder ihrer triumphierenden Tiernatur werden. (...) *An Stelle der Seele aber, die Sie abstößt, werde ich eine Art*

20) ebd., S.321

21) Ewald erwartet, daß Alicia einen Charakter besitzt, "den die Liebe bald (dies hing ja nur von mir ab) zu einem Spiegelbild des meinen umwandeln würde" (ebd., S.55).

22) ebd., S.322

23) ebd., S.323

24) ebd., S.114

von Seele einhauchen, die weniger bewußt vielleicht (...), aber tausendmal schöner und edler, ja sogar jener erhabensten Ausdrücke fähig sein wird, ohne welche unser ganzes Dasein nur Komödie wäre (...); ich will (...) *ein zweites Exemplar aus der Lebenden erzielen, das genau ihren Wünschen entspricht*!"[25]
Die beiden Momente, die oben als die von Alicia ausgehende Bedrohung beschrieben wurden, Sexualität und Bewußtheit[26], sollen in der Maschinenfrau eliminiert sein. Die "triumphierende Tiernatur" wird durch eine Apparatur, die vom Mann zu regeln ist, ersetzt, die Seele durch ein mechanisches Gedächtnis, in dem die Sehnsüchte des Mannes, von Dichtern erregend aufbereitet, gespeichert sind.
In der Maschinenfrau, die Edison Androide nennt, materialisiert sich die Seele Ewalds, die dieser umsonst in Alicia zu entdecken suchte. In Alicia liebte er das Phantom seiner Sehnsucht, eine Illusion, wie Edison analysiert.[27] Die Androide ist somit mehr als nur Illusion. Dadurch, daß sie die Wünsche des Mannes erfüllt, ist sie "tausendmal schöner und edler" als eine lebendige Frau. Die Androide wird diejenige sein, die "in Wahrheit viel eher *menschlich* genannt zu werden verdient, als das lebendige Gespenst"[28].
Im hierarchischen Gefälle des Mannes zur neuen Frau offenbart sich die grenzenlose Hybris des Erfinders und Verbrauchers: "...ein Wesen nach unserem Bilde, das sich zu uns verhält wie wir uns zu Gott."[29]
Hiermit ist das der Androidenherstellung zugrundeliegende Motiv ausgesprochen: die Frau soll durch ein Geschöpf des Mannes ersetzt werden. Eine Herrschaft über sie (gleich der über Männer) kann die

25) ebd., S.113f, Hervorhebungen im Text gesperrt.

26) "Das 'Bewußtsein' dieser Frau wird dann nicht länger die Verneinung Ihres eigenen sein, sondern jene seelische Verwandtschaft aufweisen, die Ihrer Stimmung gerade am besten entspricht. *Ihre eigene Liebe* werden Sie in ihr widerspiegeln können, ohne diesmal eine Enttäuschung zu erleben." (ebd., S.239)

27) Vgl. ebd., S.121f

28) ebd., S.122

29) ebd., S.114

sexuelle und emotionale Abhängigkeit des Mannes von der Beherrschten nicht leugnen, seine Macht ist daher nie absolut. Erst durch die Vernichtung der Frau kann er eine Souveränität erreichen, die ihm die Illusion seiner Göttlichkeit bereitet. In einer Machtausübung, die auf Zerstörung gründet, sind schon ungeahnte Grenzüberschreitungen gelungen; die Gottgleichheit kann aber erst mit der Fähigkeit zur Erschaffung neuen Lebens erlangt werden. Die Vernichtung der Frau setzt daher eine Aneignung ihrer biologischen Funktionen voraus. Soweit ist Edison noch nicht, darum muß die "eheliche Liebe, die, wenigstens fürs erste noch, zur Fortpflanzung unseres Geschlechts unentbehrlich ist"[30], geschützt werden. Unter dem Aspekt der Fortpflanzung wird der Frau noch ein Platz zugewiesen.[31] Alle anderen Bedürfnisse des Mannes, Pflege seiner Seele und seiner Leidenschaft, stillt die Androide.
Daß es tatsächlich um die Ausschaltung des weiblichen Geschlechts geht und nicht um die Festigung der ehelichen Liebe[32], beweist die Anklage gegen Gott, "das große X des Urprinzips": "Die junge Freundin, die du mir dereinst (...) zugeselltest, erscheint mir als ein Trugbild nur der Schwester, die du mir versprachst, und dein Gepräge ist mir in ihrer seelenlosen Hülle nicht mehr so hinreichend erkennbar, daß ich meine Gefährtin in ihr sehen könnte (...). Durch Jahrhunderte des Leids bin ich der ständigen Lüge dieses Schattens überdrüssig geworden. Ich will nicht länger dem Instinkt unterworfen sein, der mich lockt und versucht, jenes Trugbild immer vergeblich für meine Liebe zu halten."[33] In der Frau kann der Mann sich nicht wiedererkennen und folglich auch keine Göttlichkeit: "dein

30) ebd., S.297

31) "Wenn wir von jenen Frauen unserer führenden Rasse (...denn wir können nicht ernstlich die Frauen der Kaffern, Rothäute, Polynesier, Türken und Chinesen usw. im Auge haben ...) reden, die nichts mehr vom Vieh und von der Sklavin an sich haben, sondern jene höher entwickelten treuen und aufopfernden Frauen sind, deren Stellung und Würde längst besiegelt und anerkannt ist, (...) deren Schoß mehr als bloße Hüften ist, ja sich immer wieder zerreißt, damit es unsereinem ermöglicht werde, zu denken..." (ebd., S.157)

32) "...diese Liebe mit Hilfe solch herrlicher, aber künstlich hergestellter und harmloser Geliebten zu festigen ..." (ebd., S.297).

33) ebd., S.259

[d.h. Gottes] Gepräge ist mir in ihrer seelenlosen Hülle nicht mehr (...) erkennbar". Da sie nicht sein Spiegelbild, somit er selbst ist, kann sie als Gefährtin, als Partnerin, nicht akzeptiert werden. Sie bleibt ihm fremd durch das, was sie ihm anziehend macht: durch die Sexualität, die er als ihren Zauber begreift. Die Abspaltung des Ich–Bewußtseins von der eigenen Sexualität leugnet seine Teilhabe an dieser und macht sie bedrohlich. Die in ihm unterdrückten Triebwünsche kehren wieder in der Form dämonischer Mächte, materialisiert in der Frau. Sie ist ihm die ständige Erinnerung an das Leiden, das er sich (und damit ihr) zufügen muß. In der Abwehr seiner Wünsche wehrt er gleichzeitig sie als Repräsentantin dieser Wünsche ab. Die Verteufelung der Frau ist daher ein Gradmesser der Gewalt gegen die eigene Lebendigkeit. Der Vorwurf der "seelenlosen Hülle" zielt, ihm unbewußt, auf seinen eigenen Zustand, dessen Ausdruck sich in der Androide, als einem Spiegel seiner selbst, eine Form sucht. Erkennt er sich in der Androide wieder, feiert er den Triumph über sich selbst: über die Natur, die er besiegt hat. Das Bild der Frau, das er entwirft, verquickt sich ihm unauflöslich mit der Vorstellung von Natur, die er in sich als Übermacht bekämpft. Dieses "ich will nicht länger dem Instinkt unterworfen sein" bezeichnet seinen Anteil an Sexualität, die ihn, wie eine fremde Macht, im Innern gefesselt hält. (Vgl. dazu Abb. 15.) Die Empfindung der Fremdbestimmung seiner Triebwünsche[34], die er in der Projektion mit herstellt, erzeugt ein Bestrafungsbedürfnis, das er durch die angebliche Animalität der Frau legitimiert. Die sexuell attraktiven Frauen, die durch die Ehe noch nicht zu Müttern entsexualisiert wurden, die "alle Gedanken des Mannes (...) fesseln, (...) sind in Wahrheit dem Tiergeschlecht nähergerückt als dem unseren. Somit hätte denn der wahre und

34) Huysmans schildert in "Là bas" diese Gebrochenheit: "Mich verlangt nach dir, stieß sie hervor, und sie verriet ihn an seine eigene Lust, zwang ihn, sie zu wollen " (a.a.O., S.258). Die Umkehrung der Rollen läßt in Durtal bereits das Gefühl einer Vergewaltigung entstehen, die nicht seinen Körper, sondern die eingeübte Form seiner Selbstbestimmung trifft. Die Aktivität der Frau, oder die als aktiv empfundene, verletzt die Autonomie des Mannes, die auf Herrschaft sich begründet.

wirkliche Mann (...) absolutes Strafrecht über diese Gattung weiblicher Wesen, und dies mit derselben Befugnis, wie es ihm den Wesen des Tierreichs gegenüber zusteht."[35] Das Gefühl der Ohnmacht verwandelt Animalität in Bestialität, die, der Frau zugeschrieben, seinen Handlungen entspringt. Sein totalitärer Vernichtungswunsch bedient sich ausgeklügelter Methoden, die sich durch die Machenschaften der "Teufelshexe" allemal rechtfertigen. "Da es aber in der Natur dieser (...) unheilvollen Wesen liegt, einen solchen Mißbrauch[36] treiben zu müssen, so behaupte ich [Edison], daß dem Mann das natürliche und freie Recht zusteht (...), auf die heimlichste und sicherste Weise den Tod über sie zu verhängen – und zwar ohne irgendeinen Prozeß oder irgendwelche Bedenken; läßt man sich doch auch nicht mit einem Vampir oder einer Viper in Unterhaltungen ein."[37] Die Gefährlichkeit der Frau liegt in der "Schwäche" des Mannes, die durch seine Lust hervorgerufen wird: der Moment des Kontrollverlustes offenbart ihm Autonomie als Illusion. So kann er sich entweder der Lust um den Preis der Herrschaftseinbuße hingeben, oder er erhält sich die Macht und herrscht über ein Totes, das ihm Hingabe und Selbstverlust erspart. (Vgl. Abb. 8.) Diese "Liebe", die den Mann autark beläßt, ist "eine simple Frage der Schleimhäute (...), vom physikalischen Standpunkt aus gesehen eine Frage des Gleichgewichts zwischen Magnet und Elektrizität. So ist denn daher das Bewußtsein (...) wohl nur an einem der beiden Pole unentbehrlich"[38]. Die Androide verwandelt die Sexualität des Mannes in eine saubere Sache. Durch Wissenschaft genannt und gebannt, wird ihr Charakter des Dämonischen entkleidet. Die Puppe garantiert maximale Sexualhygiene bei minimalem psycho–physischen Aufwand. So verändert sich seine "Natur" auch in eine Maschine, ohne daß er sich dessen bewußt ist, denn er wähnt sich noch als der Herr, der sie hervorbringt. So wie die Sexualität maschinalisiert wird, sexualisiert sich das Bild der Maschine. (Vgl.

35) Villiers de l'Isle–Adam, Die Eva der Zukunft, a.a.O., S.202

36) d.h. die "momentane Schwäche", die Lust des Mannes, "auszunutzen" (ebd., S.203).

37) ebd., S.203

38) ebd., S.156

Abb.7.) Huysmans' Held Des Esseintes will das Natürliche, wo immer dies möglich wird, durch das Künstliche ersetzt wissen. Letzteres ist das "kennzeichnende Merkmal des menschlichen Geistes".[39] Im Künstlichen liegt die einzige Befriedigung; sie wird exemplarisch von der Maschine, als dem Produkt des Geistes, gewährleistet. Natur ist dem Geist fremd, im Gegensatz zu seinem eigenen Produkt, nunmehr auch "überholt"[40]: der Ersatz (Natur) kann endlich gegen das Angemessene (Produkt des Geistes) eingetauscht werden. "Und vor allem jenes ihrer [der Natur] Werke, das am köstlichsten sein soll, dessen Schönheit nach aller Ansicht am ursprünglichsten und vollkommensten ist: die Frau. Hat der Mann nicht seinerseits ganz allein ein lebendiges künstliches Wesen geschaffen, das ihr hinsichtlich plastischer Schönheit reichlich ebenbürtig ist? Gibt es hienieden ein in den Freuden des Fleisches erzeugtes und aus den Schmerzen der Gebärmutter entstandenes Wesen, dessen Typ glänzender und blendender ist als jener der beiden Lokomotiven, die auf den Linien der Nordbahn fahren? Die eine ist (...) eine herrliche Blondine mit schriller Stimme, von hohem, rankem Wuchs, (...) mit geschmeidigen und nervösen Katzenbewegungen, (...) deren außerordentliche Anmut erschreckt ... Die andere (...) ist eine stattliche und düstere Brünette mit dumpfen rauhen Schreien, mit untersetzten Lenden, (...) ein Monstrum, ein Tier (...); welch hinreißende Gewalt, wenn sie schwer (...) die Erde erzittern macht."[41]

Die Lokomotive stellt, wie die Androide, zweierlei dar. (Der Pygmalionismus Huysmans' beschreibt das gleiche Phänomen.) Erstens erscheint die Maschine mit weiblichen Attributen und belegt eine psychosexuelle Besetzung, die gleichzeitig von der lebendigen Frau abgezogen wird. Dadurch tritt die Maschine an die Stelle der Frau und wird zum Gefährt(en) des Mannes. Er erkennt sich in ihr als seiner Schöpfung wieder und liebt in ihr seine Verdoppelung: sie ist Produkt seines Autoerotismus. Der Mann hat "ganz allein ein lebendiges, künstliches Wesen geschaffen", seinem Schöpfertum gilt nun

39) Joris–Karl Huysmans, Gegen den Strich, Frankfurt/Main, Berlin, Wien 1972, S.36

40) ebd., S.36

41) ebd., S.36f

nicht nur Stolz, sondern auch die Leidenschaft. Zweitens ist die Maschine (die Lokomotive) der unmittelbare Ausdruck seiner Potenz, ihr Kultus der ins Technische gewendete phallische Kult: "Denn die zeugende Macht ist die höchste Macht, die zeugende Macht ist die schaffende Macht, Zeugen und Schaffen ist das Gleiche."[42] In Hauptmanns "Ketzer von Soana" ist die Hymne auf die Göttlichkeit der männlichen Potenz eher physisch, bei Huysmans und Villiers dagegen technisch–künstlich gemeint. "In seiner Art hat der Mensch etwas ebenso Gutes geschaffen wie der Gott, an den er glaubt."[43]
In Jarrys "Supermann" tritt die physische männliche Potenz gegen die maschinale ein Wettrennen an. Die unerschöpfliche Kraft des Marcueil bricht alle erdenklichen Rekorde, er ist der Übermensch als Übermaschine. Seine sexuelle Leistungsfähigkeit, die er in einer Versuchsanordnung zu medizinischen Studien vorführt, übertrifft die überlieferten Höchstgebote. Für ihn ist "der Liebesakt (...) ein Akt ohne Bedeutung, da man ihn unendlich fortsetzen kann."[44] Er wird nur durch das "Ende der Frau"[45] unterbrochen, für die "das Vergnügen (...) das gleiche sein (soll), wie es die Zähne einer Säge erfahren, die von einer Feile geschliffen werden! (...) Dann kommt (...) der Augenblick, in dem die Frau sich schreiend um sich selbst dreht und durch das Zimmer rast wie – dieser volkstümliche Ausdruck ist großartig! – wie eine vergiftete Ratte!"[46] Während der Mann unempfindlich wie eine Maschine die gewollte Leistung erbringt, bleibt die Frau – und ihr Geschlecht – "ein kleines, äußerst dummes Tier (...), dumm wie ein Muscheltier"[47]. Den Weg des Marcueil säumen Mädchen, "zu Tode vergewaltigt"[48]. Aber

42) Gerhart Hauptmann, Der Ketzer von Soana, Frankfurt/Main, Berlin, Wien 1974, S.12
43) Joris–Karl Huysmans, Gegen den Strich, a.a.O., S.37
44) Alfred Jarry, Le surmâle /Der Supermann, Berlin 1969, S.76
45) ebd., S.76
46) ebd., S.33
47) ebd., S.77
48) ebd., S.51

nicht nur die Frau, sondern auch die Maschine geht an seiner Kraft zugrunde. Er versucht sich an einem "Kraftmesser": "Ich werde es töten, wiederholte Marcueil hartnäckig. (...) Der vertikale Schlitz des Kraftmessers leuchtete. 'Es ist ein Weibchen, (...) aber es ist sehr stark (...). Kommen Sie, Madame', sagte er. Sein Satz ging in einem kolossalen Krachen von Eisen unter, die zerbrochenen Federn wanden sich am Boden wie die Eingeweide des Tieres ..."[49] Die permanente Erektion Marcueils überwindet die "Schwäche", durch die, laut Edison, die Männer einen Angriff von Dalila zu gewärtigen haben. Marcueil ist der Adam der Zukunft, er ist selbst zur Maschine geworden. Die lebendige Frau ist ihm ebenso unterlegen wie die maschinale, da seine Orgasmusfähigkeit unerschöpflich ist. Sie wird zum Ausdruck seiner Allmächtigkeit. Die Frau und die Maschine dienen ihm zur Sichtbarmachung seiner Potenz. Während seines sexuellen Marathons mit Ellen, – der siebzigfache Koitus, von dem Theophrast berichtet hatte,[50] sollte in den Schatten gestellt werden – erfreut er sich an dem Gedanken, daß er zum Ersatz für Ellen "in der Galerie sieben Frauen in Reserve (hielt), wie Arthur Gough sieben Ersatzwagen (...) mitgenommen hätte, (...) für den Fall einer Panne."[51] Die von jeglicher Emotionalität losgelöste Sexualität Marcueils ist pure Leistung, Selbstzweck, Ausdruck eines Wahnes, der sich nur am Rausch der Unendlichkeit und Omnipotenz befriedigen kann. Der Sinn dieser Omnipotenz liegt in ihr selbst, denn sie hat längst allen Objektbezug verloren. Marcueil repräsentiert daher – auf einer anderen Ebene als Edison – die Überwindung der Natur, sein Körper setzt ihre Gesetze außer Kraft, verläßt Zwang und Notwendigkeit, wie es vorher nur dem "Geist" beschieden war. Der Körper entwickelt sich zum perpetuum mobile, "emanzipiert" sich von seiner Schwäche und Verletzbarkeit und kann sich – als Maschine – die Herrschaft über alles Natürliche sichern. Sein Liebesempfinden wird daher folgerichtig durch seinen Sieg geweckt. Die Unterworfene wird ihm in ihrem Tod zu seinem

49) ebd., S.30
50) Vgl. ebd., S.15
51) ebd., S.76

Geschöpf. (Er schafft, indem er tötet.) "Der Supermann wurde sich bewußt, daß er im Begriff war, die Frau zu entdecken ..."[52] "Und er hätte sie nie gesehen, wenn sie nicht gestorben wäre".[53] "Und vom Grunde des Wesens dieses Mannes, der (...) sein Herz nur an dem Eis eines Leichnams erwärmen konnte, stieg ihm (...) das Eingeständnis einer Gewißheit auf: Ich bete sie an."[54] Was ihm bleibt und seinem Gefühl genügt, ist die Erinnerung an sie, das "köstliche Bild der Lebenden, fast köstlicher noch als die Lebende selbst, denn ich bin sicher, daß sie mich nicht verlassen wird ..."[55] Die Angst, die auch den Supermann beherrscht, gibt sich zu erkennen als Motiv des hybriden Überlegenheitswunsches. Der "Wille zur Macht" ist geboren aus der zutiefst empfundenen Insuffizienz. Jarry, in ironischer Brechung, gibt dieser neue Nahrung: "Ellen war nicht tot. Sie war nur ohnmächtig oder bewußtlos: Frauen sterben nie an solchen Abenteuern."[56]

52) ebd., S.77
53) ebd., S.76
54) ebd., S.80
55) ebd., S.80
56) ebd., S.81

VERSUCH EINER BILANZ:

Die schöne Kunst als Mord betrachtet – Zum Verhältnis von Naturbeherrschung, Triebkontrolle und Literaturproduktion

In den hier exemplarisch ausgewählten Texten wurden unterschiedliche Aspekte männlicher Vorstellungen von Weiblichkeit und die Beziehungen, die aus diesen Vorstellungen erwachsen, analysiert. Zeigen die Imaginationen des Weiblichen eine gewisse Varianz, liegt ihnen doch gemeinsam zugrunde, daß sie als dem Manne entgegengesetzt begriffen werden. Aus dem Entgegengesetzten entwickelt sich die Auffassung vom Wesen der Frau. Dieses ist nicht positiv bestimmbar als ein Selbständiges, für sich Seiendes, sondern kann nur in Abhängigkeit vom Wesen des Mannes als dessen Negatives[1] gedacht werden. So ist die Frau das "Andere"[2], das zwei Bedeu-

1) Für Arthur Schopenhauer ist der Mann "der eigentliche Mensch", Arthur Schopenhauer, Über die Weiber, in: Parerga und Paralipomena, Zürcher Ausgabe, Werke in 10 Bdn., Bd. X, S.668
Er zeichnet sich, im Gegensatz zur Frau, durch Vernunft aus: "Die Vernunft nämlich ist es, vermöge deren der Mensch nicht wie das Tier bloß in der Gegenwart lebt, sondern Vergangenheit und Zukunft übersieht und bedenkt" (S.669). Die "männliche" Vernunft, was immer das auch ist, wird zum Maßstab der Geschlechter: der angenommene Dualismus führt dann zu der Ansicht, daß alles, was männlich ist, nicht weiblich sein kann (und natürlich umgekehrt).
Simmel betont, in welchem Ausmaß das gesämte Leben durch Urteile aus männlicher Sicht geprägt ist: "Daß man an eine nicht nach Mann und Weib fragende, rein 'menschliche' Kultur glaubt, entstammt demselben Grunde, aus dem eben sie nicht besteht: der sozusagen naiven Identifizierung von 'Mensch' und 'Mann', die auch in vielen Sprachen für beide Begriffe das gleiche Wort setzen läßt." Georg Simmel, Weibliche Kultur, in: Philosophische Kultur, Leipzig 1911, S.270.

2) "Denn wenn es auch andere Formen des *Anderen* gibt als die Frau, so bleibt doch die Tatsache bestehen, daß sie immer als Anderes aufgefaßt worden ist. In dieser Idee des Anderen beruht auch die zwiespältige Sicht, in der sie

tungsebenen in sich birgt: zunächst ist sie das "objektiv" Andere, was der Mann nicht ist, dann aber auch das "subjektiv" Andere, was der Mann nicht sein will. Dadurch erscheint sie in doppelter symbolischer Gestalt: als der Begriff von Natur und Welt[3] ist sie das dem Geist Entgegenstehende, in dem er sich zu erkennen hofft, gleichzeitig ist sie identisch mit Sinnlichkeit und Sexualität, und zwar der des Mannes, die er aus sich ausgrenzt, um eine positiv besetzbare Ichinstanz aufbauen zu können.[4] (Vgl. Abb. 16.) So kommt es zu der Eigentümlichkeit, daß die Frau in der Meinung des Mannes pure Sexualität ist[5], aber keine hat. Ihre Sexualität er-

---

Forts. von letzter Seite
erscheint, zwiespältig wie die Lage des Menschen selbst in seiner Beziehung zum Anderen. Wir haben schon gesehen, daß das Andere das Böse ist; da aber das Gute seiner bedarf, kehrt es sich selber zum Guten um: es ist für mich der Zugang zum All, aber auch das, was mich davon trennt; es ist das Tor zum Unendlichen und das Maß meiner Endlichkeit. Deswegen verkörpert sich in der Frau kein erstarrter Begriff." Simone de Beauvoir, Das andere Geschlecht, Sitte und Sexus der Frau, Hamburg 1968, S.155f

3) In Leopold von Andrians "Der Garten der Erkenntnis", Berlin 1895, repräsentiert der Begriff 'Leben' Natur und Welt, und dieser kristallisiert sich in der Frau: "...und er begann allmählich zu glauben, (...) daß durch die Frau eine Offenbarung über ihn kommen und das Leben wundervoll gestalten und erhellen würde ..." (S.29).

4) Sigmund Freud beschreibt das Ich als zum großen Teil unbewußt (vgl. hierzu S. Freud, Das Ich und das Es, Studienausgabe, Bd.III, S.273ff). Die Abwehrtechniken des Ich bleiben diesem in seinen Motiven und Mechanismen nicht nur unbekannt, sondern sie können auch mit einem "zwanghaften, repetitiven, irrealen Verhalten einhergehen, das sie mit dem Verdrängten, gegen das sie kämpfen, verbindet" (Laplanche, Pontalis, a.a.O., S.195). Die Konsequenz einer solchen Fassung des Ichbegriffs liegt darin, daß das Ich nicht nur eine Instanz der Realitätsprüfung ist, die rationales Denken und Ordnungssicherung realitätsgerecht durchführt, sondern ebenfalls Rationalisierungen zur Aufrechterhaltung der eigenen Organisation als realitätsgerecht vermittelt. Die Verleugnung der Triebhaftigkeit, die kulturell erzwungen wird, verknüpft sich mit "Schuldangst vor der (negativ bewerteten) Triebhaftigkeit" und öffnet damit "destruktiven Tendenzen die Bahn" (Hermann Glaser, Sexualität und Aggression, München 1975, S.71).

5) Otto Weiniger bestimmt in "Geschlecht und Charakter" (Wien, Leipzig 1904) die Frau als "die Sexualität selbst" (S.258, S.353). Weiblichkeit ist

scheint (bei Freud dann explizit[6]) als Derivat der Sexualität des

"universale Sexualität. Der Koitus ist der höchste Wert der Frau (...). Ihre eigene Sexualität bildet von diesem unbegrenzten Wollen nur einen begrenzten Teil" (S.354). "Der Phallus (...) ist ihr Schicksal, er ist das (...), was die Frau absolut und endgültig unfrei macht" (S.341). Weininger drückt, gegen seine Absicht, die Degradation der Frau in der männlichen Gesellschaft aus. Er war ausgezogen, die Inferiorität der Frau zu beweisen, und faßt dabei das Herrschaftsverhältnis mit einer Präzision, die eine dies intendierende Analyse zur gleichen Zeit nicht hätte leisten können: "Das Verhältnis von Mann und Weib (ist) kein anderes als das von Subjekt und Objekt" (S.396). "Das Weib sündigt nicht, denn es ist selbst die Sünde, als *Möglichkeit* im Manne (...); das Weib, auch das Weib im Manne, ist das Symbol des *Nichts*" (S.403).

6) In seiner Abhandlung "Über die weibliche Sexualität" (in: Sexualleben, Studienausgabe Bd.V, Frankfurt/Main 1972) äußert sich Freud über das "penislose Geschöpf", das irgendwann "die Entdeckung seiner organischen Minderwertigkeit" (S.281) machen muß. "Das Weib anerkennt die Tatsache seiner Kastration und damit auch die Überlegenheit des Mannes und seine eigene Minderwertigkeit (...), durch den Vergleich mit dem Knaben geschreckt, (...) verzichtet (es) auf seine phallische Betätigung und damit auf die Sexualität überhaupt wie auf ein gutes Stück seiner Männlichkeit auf anderen Gebieten" (S.279). "Mit der Einsicht in die Allgemeinheit dieses negativen Charakters stellt sich eine große Entwertung der Weiblichkeit, also auch der Mutter, her" (S.282): "Geringschätzung für das als kastriert erkannte Weib" (S.279). Was die Frau an Sexualität besitzt, wird als männlich definiert und muß aufgegeben werden. Freud verfolgt den Weg der "Verweiblichung" der Frau, ohne jedoch die Konsequenz aus seiner Beobachtung ziehen zu können, daß diese Weiblichkeit Dressur und Verstümmelung bedeutet. "Die Pubertät (...) kennzeichnet sich für das Mädchen durch eine neuerliche Verdrängungswelle, von der gerade die Klitorissexualität betroffen wird. Es ist ein Stück männlichen Sexuallebens, was dabei der Verdrängung verfällt. Die bei dieser Pubertätsverdrängung des Weibes geschaffene Verstärkung der Sexualhemmnisse ergibt dann einen Reiz für die Libido des Mannes (...): mit der Höhe der Libido steigt dann auch die Sexualüberschätzung, die nur für das sich weigernde, seine Sexualität verleugnende Weib im vollen Maße zu haben ist." (Freud, Drei Abhandlungen zur Sexualtheorie, in: Sexualleben, a.a.O., S.124) Sexualität und Libido sind durch ihre aktiven Strebungen männlich (vgl. ebd., S.123f). Trotz Freuds Problematisierung der Begriffe "männlich" – "weiblich" bleibt ihm der Penis das eigentliche Sexualorgan, "die dem männlichen Glied analoge Klitoris" (Weibliche Sexualität, a.a.O., S.277) "Penisersatz". Hier leistet er sich eine schöne "Freudsche Fehlleistung": "Es nützt dem Kinde [dem Mädchen] wenig, wenn die biologische Wissenschaft seinem Vorurteile recht geben und die weibliche Klitoris als einen richtigen Penisersatz anerkennen muß." (Freud, Drei Abhandlungen zur Sexualtheorie, a.a.O., S.101)

Mannes und wird an dieser gemessen.
Im Bild der Frau vereint sich die Vorstellung von äußerer und innerer Natur. Es ist abhängig von der Bedeutung, Beurteilung und Wertschätzung, die Natur erfährt, so daß von der Auffassung der Frau auf Naturauffassung ebenso geschlossen werden kann, wie von der Naturauffassung auf die der Frau. Auf der einen Seite wird Natur durch technische Verarbeitung und Verwertung auf pures Material für das Herzustellende reduziert (vorangegangen war die Ersetzung der Frage nach dem Wesen der Dinge durch die Frage nach den Relationen zwischen den Dingen, d.h. nach ihren naturgesetzlichen Zusammenhängen[7]), auf der anderen Seite werden "lebendige" Zusammenhänge in der Hervorbringung und Entwicklung der organischen Natur entdeckt, die zu der Annahme eines allem Seienden inhärenten Triebes führen.[8] Je weiter durch wissenschaft-

7) Vgl. dazu Gerhard Hennemann, Naturphilosophie im 19. Jahrhundert, Freiburg, München 1959. Hennemann beschreibt die Entwicklung der Quantifizierung der Naturvorgänge und deren Konsequenzen: "Damit wird auf die spekulative Einsicht in die inneren Wesenszusammenhänge der Dinge zugunsten einer abstrakten Beschreibung der Naturvorgänge bewußt verzichtet" (S.25). "Die immermehr einsetzende rationale Beherrschung aller Seinsgebiete führte (...) zu einem Zerfall der geistigen Welt (...) zu einer Zerstückelung des menschlichen Seins" (S.28).
Vgl. auch: Die Philosophie im Zeitalter von Industrie und Wissenschaft (Hrsg: François Châtelet) Frankfurt/Main, Berlin, Wien 1975.

8) Eduard von Hartmann führt, zum Teil auf Schopenhauer fußend, den Trieb als unbewußten ein, dessen Zweck, die Lebenserzeugung, allen Lebewesen gemeinsam ist. Vgl. das Kapitel "Das Unbewußte in der geschlechtlichen Liebe", S.91ff, in: Philosophie des Unbewußten, Teil I, Leipzig o.J.
Schopenhauer nennt den Trieb "Willen zum Leben" (Arthur Schopenhauer, Die Welt als Wille und Vorstellung, a.a.O., Bd.IV, S.665f) Der Wille ist der aller Natur zugrundeliegende Impuls: "Die Materie ist demzufolge der *Wille* selbst, aber nicht mehr an sich, sondern sofern er *angeschaut* wird, d.h. die Form der objektiven Vorstellung annimmt: also was objektiv Materie ist, ist subjektiv Wille. (...) Die Materie ist demnach die *Sichtbarkeit* des Willens überhaupt." (ders.: Die Welt als Wille und Vorstellung, a.a.O., Bd.III, S.360f) Der Wille als Lebenstrieb ist aber nicht nur die anorganische und organische Natur verbindende Energie, auch im bewußtseinsfähigen Individuum ist er der Grund seiner physischen Existenz. Schopenhauer postuliert, daß "dieses *Ding an sich*, dieses

liche Forschung die Beherrschung der Natur gesteigert wird, desto umfassender werden die Einsichten in die "Kraft" der Natur, die das Gefühl nicht nur der Unterlegenheit, sondern auch des Ausgeliefertseins erzeugen, da diese Kraft sich dem Verständnis und der Beherrschung entzieht. "Verfolgt man die naturwissenschftlichen Ursprünge des Pessimismus genauer, so stößt man auf das Paradox, daß die total erklärte Welt sich als total unerklärlich entpuppt: in der (...) Welt, die restlos beherrscht ist von der Mechanik der Naturgesetze, stellt sich die Frage nach dem Woher und Warum jener Naturgesetze, und indem diese unbeantwortet bleibt, gibt sie zu den schlimmsten Befürchtungen Anlaß".[9] Aber nicht nur die Vertreibung Gottes als des Garanten der Weltordnung und die Quantifizierung der Natur mit der daraus resultierenden Sinnentleerung zeitigen das Unheimlichkeitsgefühl. Der Fortschritt der Naturbeherrschung selbst produziert durch seine mit ihm notwendig einhergehenden ökonomischen und gesellschaftlichen Zwänge eine neue, zweite Na-

---

Forts. von letzter Seite
Substrat aller Erscheinungen, mithin der ganzen Natur, nichts Anderes ist, als jenes uns unmittelbar Bekannte und sehr genau Vertraute, was wir im Innern unsers eigenen Selbst als *Willen* finden; daß demnach dieser Wille, weit davon entfernt, (...) von der *Erkenntniß* unzertrennlich und sogar ein bloßes Resultat derselben zu seyn, von dieser, die ganz sekundär und spätern Ursprungs ist, grundverschieden und völlig unabhängig ist (...) ja, daß dieser Wille (...) das allein wahrhaft Reale, allein Ursprüngliche und Metaphysische, in einer Welt, wo alles übrige nur Erscheinung, d.h. bloße Vorstellung ist, jedem Dinge, was immer es auch seyn mag, die Kraft verleiht, vermöge deren es daseyn und wirken kann". (ders.: Über den Willen in der Natur, a.a.O., Bd.V, S.202) Im Menschen nun wirkt der Wille als Geschlechtstrieb: "Dieser Trieb hebt jene Sorglosigkeit, Heiterkeit und Unschuld, die ein bloß individuelles Daseyn begleiten würden, auf, indem er in das Bewußtseyn Unruhe und Melancholie, in den Lebenslauf Unfälle, Sorge und Noth bringt." (ders.: Die Welt als Wille und Vorstellung, a.a.O., Bd.IV, S.665) "Die Bedeutung, die Schopenhauer hier dem Wort Wille gibt, hat fast nichts mehr mit der üblichen gemein (...). Der Verneiner des Willens gab diesem den (...) Sinn einer passiven Wildheit, einer personlosen Getriebenheit, einer schlechthin allgemeinen Gier" (Ernst Bloch, Das Materialismusproblem, Franfurt/Main 1972, S.271).

9) Karl S. Guthke, Die Mythologie der entgötterten Welt, Göttingen 1971, S.213f.

tur, "die der Mensch, um sich zu erhalten, beherrschen muß, indem er sich ihnen anpaßt".[10] Die Anpassung ist eine Leistung des psychischen Apparats, der bei wachsender Komplizierung und Anonymisierung der gesellschaftlichen Anforderungen eine immer vollkommenere Trieb– und Affektbeherrschung zu regeln hat. Die "zweite" Natur etabliert sich im einzelnen als Kontrollinstanz, sie ist ein Abbild der herrschenden Verhältnisse.[11] Analog zum Vorgang der Verunheimlichung der äußeren Natur – die eben keine "erste" mehr ist – läuft dieser Prozeß auch im jeweiligen Individuum ab und erzeugt eine Angst vor den eigenen Trieben. Je umfassender die Kanalisierung der Triebe ausgebildet wird,[12] um so stärker wächst

---

10) Max Horkheimer, Zur Kritik der instrumentellen Vernunft, Frankfurt/ Main 1974, S.97.

11) In Norbert Elias' Untersuchung "Über den Prozeß der Zivilisation", Frankfurt/Main 1977, wird herausgestellt, daß die veränderten Interaktionsformen der "Umschlagplatz" von gesellschaftlicher zu individueller und umgekehrter Umstrukturierung sind: "Die 'Umstände', die sich ändern, sind nichts, was gleichsam von 'außen' an den Menschen herankommt; die 'Umstände', die sich ändern, sind die Beziehungen zwischen den Menschen selbst" (Bd.II, S.377). Ein für meine Arbeit wichtiges Ergebnis ist die von Elias formulierte Gleichzeitigkeit einer Psychologisierung und Rationalisierung menschlicher Beziehungen, die durch eine "Dämpfung der Triebe" entsteht (vgl. dazu ebd., S.369ff). In der Literatur läßt sich dieser Zusammenhang an einem psychologisierenden Nachvollzug der Empfindungen bis in die kleinsten Verästelungen bei gleichzeitiger Kontaktunfähigkeit durch Affekthemmung feststellen.

12) Eine Form der Kanalisierung liegt in der Beschränkung der Sexualität einzig auf den durch Ehe sanktionierten, zur Fortpflanzung bestimmten Beischlaf. Die Prostitution stellt die "institutionelle Ventilsitte" zur absoluten patriarchalischen Monogamie dar, sie soll "die durch die rigorose Sexualmonopolisierung dieser Eheform angehäuften Spannungen neutralisieren" (Helmut Schelsky, Soziologie der Sexualität, Hamburg 1956, S.42). Ehe und Prostitution bilden den Rahmen praktizierter Sexualität; die andere Form der Kanalisierung besteht in einer "Diskursivierung des Sexes" (Michel Foucault, Sexualität und Wahrheit, Frankfurt/Main 1977, S.21). Die Kontrolle des Triebes, die durch die permanente gedankliche Präsenz des Begehrens erzeugt wird, ergänzt die Kontrolle der Institution, indem sie durch das geregelte Reden über das Begehren Öffentlichkeit herstellt. "Der Sex, das ist nicht nur eine Sache der Verurteilung, das ist

die Sehnsucht nach einer ursprünglichen Natur, die das Bedürfnis nach Aufhebung der Zwänge erfüllen könnte.
Drei Naturbegriffe sind (für den Bürger des 19. Jahrhunderts) zu unterscheiden: ein naturwissenschaftlicher, der Materie auf Stoff und Kraft reduziert, ein lebensphilosophischer, der in aller Materie einen Triebwillen erblickt, und ein kulturfeindlicher, der auf eine abstrakte Unmittelbarkeit zielt und seine Bedingungen ebensowenig reflektiert wie die beiden ersten. Die wesentliche Bestimmung von Natur, die den drei Konzeptionen gemeinsam ist, ist die der Unbewußtheit von Natur, das, was das "Unbewußte" genannt wird. Im Alltagsverständnis wird das Unbewußte mit Natur gleichgesetzt. Der Trieb, als zentrale Äußerungsform der Natur, ist daher ebenfalls unbewußt. Er ist das Aktive der Natur, sein Zweck liegt in der Fortpflanzung. Durch die Gleichsetzung von Geschlechtstrieb und Fortpflanzungstrieb wird eine Normierung geschaffen, die, gleichgültig ob er positiv oder negativ bewertet wird, den Maßstab der Sexualität ausmacht.[13] Da die Form der Fortpflanzung für alle Generationen einer jeweiligen Art über alle beobachtbaren Zeiträume sich gleich bleibt, wird daraus geschlossen, daß der Trieb unwandelbar, also ahistorisch ist. Natur steht daher mit den Merkmalen des Unbewuß-

---

Forts. von letzter Seite
eine Sache der Verwaltung.", ebd., S.36. Durch die Einübung des Diskurses entsteht eine Form der Lust: "...die spezifische Lust am wahren Diskurs über die Lust." (ebd., S.91)

13) Wilhelm Bölsche wendet sich in seiner Schrift "Die naturwissenschaftlichen Grundlagen der Poesie", Leipzig 1887 gegen die Auffassung des Triebes als Zwang, der "auf dem freien Bewußtsein lastet, der die Seele knechtet und zu Gemeinem treibt. Da liegt der fundamentale Irrtum" (S.43). Die Wurzeln dieser Meinung sieht er im "Metaphysischen" und "Christlichen"; deren Auswirkungen in der Literatur bezeichnet er als das "Product einer mehr oder minder entwikkelten sexuellen Gehirnschwächung" (S.43). Er fordert eine Literatur, die "sich an die Natur anlehnt" (S.45) und die erkennt, daß "das angeblich Roheste und Gemeinste, (...) die Verbindung von Mann und Weib in ihrer physiologischen Thatsächlichkeit der göttlichste, d.h. der Gottheit nächst stehende Act (ist), den das individuelle Menschenleben überhaupt umschließt" (S.41). In seiner Fassung der Sexualität als Göttliches und Natürliches zugleich ist sie festgeschrieben auf eine Norm (S.46), die Ewigkeitswert besitzt (zit. nach Neuausg. Tübingen 1976).

ten, der Triebhaftigkeit und des Immergleichen dem Geist als dem Bewußten, Asketischen und Geschichtlichen polar entgegen.[14] Die Statik dieses dualistischen Entwurfs negiert die Einsicht in die Produktion gesellschaftlicher Verhältnisse und perpetuiert die Ausgrenzung von Natur und Frau aus geschichtlicher Veränderung. Die Festschreibung der Frau als Gattungswesen[15] – im Gegensatz zum Mann als Individuum – dokumentiert sowohl ein Herrschaftsverhältnis als auch dessen Ohnmacht, ein Verhältnis, das sich nur um den Preis (selbst–)verstümmelnder Verleugnung der Realität aufrechterhalten kann. Die Korrektur, die Freud am Begriff des Unbewußten als überhistorischer Konstante vornimmt, erweist diesen als jener Verdrängung verfallen, durch die das Unbewußte erzeugt wird. Das Unbewußte ist somit gesellschaftlich hergestellt und signalisiert in der "Wiederkehr des Verdrängten" die Deformation, durch die es entstanden ist.

Die literarischen Frauengestalten der Jahrhundertwende sind Geschöpfe einer zweifachen Verdrängung: einmal äußert sich in ihrer Produktion ein verdrängter, deformierter Trieb, zum anderen noch die Verdrängung der Einsicht, daß die als weiblich aufgefaßte Triebstruktur eine geschichtlich hergestellte ist. Was in der Frau als unbewußter Trieb[16] gefeiert und verdammt wird, ist schon immer

14) Die literarischen weiblichen Gestalten der Jahrhundertwende weisen die der Natur zugeordneten Merkmale auf: "Die Weibsteufel in Lulus Gefolge sind existentiell bewußtlos" (Hans Mayer, Außenseiter, a.a.O., S.131), ebenso wie "jene kindhaft – fühllosen Verderberinnen, (die) durch das Wort und die (männliche) Vernunft nicht ansprechbar" sind (ebd., S.33).

15) "Weil im Grunde die Weiber ganz allein zur Propagation des Geschlechts dasind und ihre Bestimmung hierin aufgeht; so leben sie durchweg mehr in der Gattung, als in den Individuen: nehmen es in ihrem Herzen ernstlicher mit den Angelegenheiten der Gattung, als mit den individuellen." (Arthur Schopenhauer, Über die Weiber, a.a.O., S.672)

16) Der Trieb als Soma äußert sich nur in unterschiedlichen, durch die Geschichte modellierten Repräsentanzen. Als "purer" ist er gestaltlos und nicht wahrnehmbar. Was als Trieb zum Ausdruck kommt, das trägt das Stigma seiner Bearbeitung.

dessen Unterdrückung.[17] Wedekinds Kommentar zu seinen Lulu–Dramen wiederholt die dualistische Vorstellung von Bewußtem und Unbewußtem, das er traditionell dem Männlichen bzw. Weiblichen zuschlägt: "Ich (habe) mir einen Weltmann konstruiert, der an den außergewöhnlichen Naturanlagen einer primitiven Frauennatur (...) zuschanden wird. Ich hatte das menschlich Bewußte, das sich selbst unter allen Umständen immer so maßlos überschätzt, am menschlichen Unbewußten scheitern lassen wollen."[18] Durch die Identifizierung des Triebhaften mit dem Unbewußten als unwandelbarem Seinsmerkmal der Frau (wie in der Gestalt Lulus vorgeführt) wird die Verantwortlichkeit für deren Entwicklung von der Gesellschaft auf die Natur abgewälzt. Mit der Verleugnung ihrer Subjekthaftigkeit wird zugleich ihr Objektcharakter als Produkt einer Bearbeitung geleugnet. Mit dieser Selbsteinschätzung verfehlt Wedekind die Bandbreite seines eigenen Werkes, das gerade durch die Doppelung von Projektion und der von dieser geschaffenen Realität überzeugt. Seine Zuordnung freilich ist ebenso paradigmatisch wie das Glücksversprechen, das in Lulus Gestalt gelegt ist und uneingelöst bleibt. Die einzige Form der Befriedigung, die am Objekt zu gewinnen ist, liegt in seiner Aneignung und Zerstörung. "Den Trieb, den anderen ganz zu besitzen, befriedigt nur der Lustmörder: er nimmt das andere Leben für immer in sich auf; er vernichtet die Möglichkeit einer Wiederholung, die ihn an das Vergebliche seines

17) Odo Marquard weist auf den Zusammenhang von Unterdrückung und Verdrängung hin, der in der englischen Übersetzung des Verdrängungsbegriffs als "repression" festgehalten ist (in: Die nicht mehr schönen Künste, Poetik und Hermeneutik 3, München 1968, S.389).
"Die soziale Bedeutung der Verdrängung liegt darin, daß das individuelle Bewußtsein unter dem Druck sozialer Kontrolle sich gegen Regungen blind macht, die die mühsam errungene Realitätsanpassung immer wieder in Frage stellen, und daß durch Aufrichtung der 'Gegenbesetzung' jenem unversöhnlichen Trieb der Weg zur Kommunikation verlegt wird (...). Der Verdrängungsmechanismus aber ist eine Verfahren der Realitätsverleugnung" (Helmut Dahmer, Libido und Gesellschaft, Frankfurt/Main 1973 S.100).

18) Frank Wedekind, Gesammelte Werke in 9 Bdn., München 1912–21, Bd.9, S.440.

ersten Versuches lächelnd weist; er ist der konsequente Liebhaber."[19] Die tatsächliche physische Vernichtung der Frau, die Wedekind in der Figur der Lulu gestaltet, ist lediglich das Endresultat einer Verdinglichung der Frau, die ihren allgemeinsten Ausdruck in der "Bearbeitung" der Frau als Natur erfährt. Dieser Gedanke wird bei Marx[20] (allerdings nur in geschlechtsunspezifischer Weise) gestreift. Er ist radikaler als die Konzeption der Ausbeutung, da er eine kontinuierliche Veränderung des "Materials" durch die Bearbeitung mitreflektieren muß. Dahmer erläutert in seiner Auseinandersetzung mit Marx, daß "im Verkehr unter Menschen (...) die Arbeitsmetapher nur in Grenzfällen adäquat" sei, "in denen von Interaktion nicht mehr die Rede sein kann".[21] Er setzt mit Marx voraus, daß noch im brutalsten Abhängigkeitsverhältnis die Subjekthaftigkeit des Geknechteten gewahrt bleibt. In der Aneignung der Frau als Besitz ist aber gerade dieser "Grenzfall" zur Regel geworden: durch ihre Festschreibung auf Natur erleidet sie die Zurichtung, die Natur erleidet. Die Voraussetzungen für Interaktion sind unter diesen Bedingungen nicht mehr gegeben. Ebenso wie Natur aus dem Blickwinkel des Mannes keinen Eigenzweck und Wert mehr besitzt, sondern lediglich unter dem Aspekt der männlichen Bedürfnisbefriedigung konsumiert wird, existiert die Frau nicht als Wesen mit einem ihr selbst innewohnenden Zweck und einem Eigenwert, sondern dient zur physischen und psychischen Reproduktion des Mannes. Ihr Körper und ihre Leistungsfähigkeit werden als Eigentum des Mannes verstanden; in diesem Verständnis selbst liegt bereits die Zerstörung der Frau als Mensch, das jeweilige Schicksal, das sie erfährt, bleibt dabei gleichgültig.

Heinrich Mann hat in seinem Roman "Die Jagd nach Liebe" in der

19) Franz Blei, Über Wedekind, Sternheim und das Theater, Leipzig 1915, S.33f.

20) Bei Marx heißt es: "Bisher haben wir hauptsächlich nur die eine Seite der menschlichen Thätigkeit, die *Bearbeitung der Natur* durch die Menschen, betrachtet. Die andere Seite, die *Bearbeitung der Menschen* durch *die Menschen...* (im Manuskript abgebrochen und durchgestrichen)." (Karl Marx, Die deutsche Ideologie, MEW Bd.III, Berlin 1969, S.36).

21) Helmut Dahmer, Libido und Gesellschaft, a.a.O., S.142.

Beschreibung einer Inneneinrichtung, deren Gegenstände die Formen von Frauenkörpern nachzeichnen, die Verknüpfung von Verdinglichung und Inbesitznahme gezeigt: "Claude betrachtete beklommen seine Füße, die auf gewirktes Frauenfleisch traten, und zwar auf das der Liebe geöffnete. Er ergriff eine Stuhllehne; es war ein zurückgebogener Frauenhals, um den er die Hand legte. Das Kissen konnte man drücken wie man wollte, es behielt die Form einer Frauenbrust (...). 'Das sieht hier aus, als sei es als Ersatz gedacht.' 'Wofür?' 'Für die Weiber.' 'Das *sind* ja die Weiber. Für die andern dank ich.' (...) Hier weiß ich doch, was ich bezahlt habe. Sind Sie bei den andern Weibern, denen da draußen, schon einmal auf ihre Kosten gekommen?' (...) 'Niemals, Sie haben ganz recht.' (...) 'Diese Weiber aus Gips, Glas, Ton, Stein oder Porzellan sind zwar *auch* seelenlos, aber darunter leidet man verhältnismäßig nicht so.' (...) Köhmbold reckte mit einem mordgierigen Lächeln einen Finger nach oben (...), da hing eine Frau von der Decke. Sie war erhängt an ihrem Haar. Es war rot und metallisch, und ihren Hals schnürte es zu wie ein blutiger Strick. Elektrische Birnen saßen an den Enden ihrer Haarsträhnen, an den Spitzen ihrer schlaffen Hände und Füße, vor ihren Brüsten, auf dem muschelförmigen Fleisch zwischen ihren Schenkeln (...). 'Das Wahre wäre eine richtige Leiche, (...) da wüßte man wenigstens, *warum* man so allein ist.'"[22]

In unterschiedlicher Ausprägung sind alle in dieser Arbeit behandelten Frauengestalten von Destruktion betroffen, die gleichermaßen Natur zugefügt wird und das Ausmaß männlicher Selbstzerstörung spiegelt. In der Interpretation solcher weiblichen Figuren wird Sinn erst dann erschlossen, wenn deren Natur nicht als unmittelbare, sondern bereits als Resultat von Naturbeherrschung gesehen wird. Da die Frau den Doppelaspekt von Natur repräsentiert, schließt sich in ihrer Beherrschung Natur– und Selbstbeherrschung zusammen. "Jedes Subjekt hat nicht nur an der Unterjochung der äußeren Natur, der menschlichen und der nichtmenschlichen, teilzunehmen,

22) Heinrich Mann, Die Jagd nach Liebe, Hamburg, Düsseldorf 1970, S.152–155.

sondern muß, um das zu leisten, die Natur in sich selbst unterjochen."[23]
In der Analyse fiktiver Frauengestalten zeigt sich, da sie Symbol und Person bedeuten, die gegenseitige Durchdringung gesellschaftlicher und psychischer Herrschaftsstrukturen. Die Beherrschung der Leidenschaften geschieht unter dem Diktat der Selbsterhaltung des Ich, das sich wiederum erst durch die Beherrschung der Leidenschaften konstituiert. Um Herrschaft über äußere Natur erlangen zu können, muß eine Herrschaftsausübung ermöglichende Struktur im psychischen Apparat des Menschen errichtet werden. "Herrschaft wird um der Herrschaft willen 'verinnerlicht'."[24] Innere und äußere Naturbeherrschung sind somit unabdingbar miteinander verkoppelt und treiben sich gegenseitig voran. "Um zu überleben, verwandelt der Mensch sich in einen Apparat, der in jedem Augenblick mit genau der passenden Reaktion die verwirrenden und schwierigen Situationen beantwortet, die sein Leben ausmachen (...). Das ist zweifellos kein ausschließlich für die moderne Periode charakteristischer Zug; er war wirksam während der gesamten Geschichte der Menschheit. Jedoch haben sich die geistigen und psychologischen Ressourcen des Individuums mit den Mitteln der materiellen Produktion geändert (...). Der Prozeß der Anpassung ist jetzt vorsätzlich und deshalb total geworden."[25] Die Totalisierung der Unterdrükkungsmechanismen, die zu Ende des 19. Jahrhunderts erreicht wurde, manifestiert sich unübersehbar in Imperialismus und Industrie, weniger auffällig in dem (fast ausschließlich) sadistischen Charakter der (realen und imaginierten) psycho–sexuellen Geschlechterbeziehung. Die nicht zufällige, sondern notwendige Verknüpfung des Natur– und Geschlechtsverhältnisses formuliert Marx: "Das unmittelbare, natürliche, notwendige Verhältnis des Menschen zum Menschen ist das *Verhältnis* des *Mannes* zum *Weibe*. In diesem *natürlichen* Gattungsverhältnis ist das Verhältnis des Menschen zur Natur unmittelbar sein Verhältnis zum Menschen, wie das Verhältnis zum

23) Max Horkheimer, Instrumentelle Vernunft, a.a.O., S.94.
24) ebd.,S.94.
25) Max Horkheimer, ebd., S.95f.

Menschen unmittelbar sein Verhältnis zur Natur, seine eigene *natürliche* Bestimmung ist."[26]

Das Verhältnis des Mannes zur Frau als Natur hat sich im Laufe des 19. Jahrhunderts mit seinem Verhältnis zu Natur verändert. Während jedoch die Gleichsetzung von Frau und Natur bestehen bleibt, kommt es zu einer inhaltlichen Neubesetzung der Bedeutung der Frau als Natur. Dies kann verdeutlicht werden an der Gegenüberstellung eines romantischen Textes mit den hier präsentierten. In Friedrich Schlegels "Lucinde" (1799), in der die Utopie von Versöhnung des Geistigen und Sinnlichen, Männlichen und Weiblichen, nicht als "Aufhebung" des einen im anderen (was immer verkappte Herrschaft bedeutet), sondern als gegenseitige Durchdringung und Veränderung gedacht wird,[27] wird dennoch die Frau als das genuin Natürliche aufgefaßt. "Durch das, was seine Freundin ihm offenbart hatte, ward es dem Jüngling klar, daß nur ein Weib recht unglücklich sein kann und recht glücklich, und daß die Frauen allein, die mitten im Schoß der menschlichen Gesellschaft Naturmenschen geblieben sind, den kindlichen Sinn haben, mit dem man die Gunst und Gabe der Götter annehmen muß. Er lernte das schöne Glück ehren, was er gefunden hatte, und wenn er es mit dem häßlichen unechten Glück verglich, was er ehedem vom Eigensinn des Zufalls künstlich erzwingen wollte, so erschien es ihm wie eine natürliche Rose am lebendigen Stamm gegen eine nachgemachte."[28] Die Bewertung, die hier die Natur und damit die Frau erfährt, ist eine eindeutig positive. Für einen kurzen Moment in der Geschichte scheint die Verdrängung des Leiblichen aufgehoben, ohne daß dieses

26) Karl Marx, Ökonomisch–Philosophische Manuskripte, MEW Ergänzungsband, 1.Teil, Berlin 1973, S.535.

27) Diese gegenseitige Achtung und Anerkennung, in der der Frau das Recht, Subjekt zu sein, eingeräumt wird, verändert ebenfalls das Selbstverständnis und Selbstempfinden des Mannes; er wird der Befriedigung fähig: "Sie waren ganz hingegeben und eins und doch war jeder ganz er selbst, mehr als sie es noch je gewesen waren, und jede Äußerung war voll vom tiefsten Gefühl und eigensten Wesen." (Friedrich Schlegel, Lucinde, Stuttgart 1977, S.72).

28) ebd., S.72f.

sich seinerseits als oberstes Prinzip installiert und damit die Spaltung von Leib und Seele (bzw. Geist) fortsetzt.

Wie wenig freilich Schlegels Text stellvertretend für eine allgemeingültige Liebesvorstellung stehen kann, geht schon aus der wütenden Kontroverse um die "Lucinde" hervor. Dennoch scheint mir vertretbar, in Lucinde die Verkörperung eines romantischen Frauenideals zu sehen: sie erscheint als die seelenvolle, natürliche Frau, die befähigt ist, das Leben des Mannes zu teilen, statt ihm fremd gegenüberzustehen. In Fouqués Undine (1811) präsentiert sich wenig später das "seelenlose" Naturwesen Frau, das mehr Furore gemacht hat als die dem Manne ebenbürtige Lucinde. – 1817 erscheint E.T.A. Hoffmanns "Sandmann": der Automat Olimpia verwandelt sich für Nathanael in die lebendige Frau, seine Verlobte Clara in den leblosen Automaten. Im Unterschied zur "Eve future" wird die Liebe zum Automatischen entschärft durch Nathanaels ausbrechenden Wahnsinn. Was sich bei Villiers als optimale Zweckmäßigkeit für die Bedürfnisse des Mannes einführt, wird bei Hoffmann noch als individuelle Krankheit abgewehrt. Auch die "gefährlichen" Frauengestalten werden in der Romantik vorbereitet. Im Kapitel "La belle dame sans merci" seines Buches "Liebe, Tod und Teufel. Die schwarze Romantik" (München 1963) hat Mario Praz reiches motivisches Material zusammengetragen. Die Motivanklänge oder gar Übereinstimmungen in der Literatur des frühen und späten 19. Jahrhunderts sollten aber nicht über die sich verändernde Haltung hinwegtäuschen: Der positiv besetzten Natur wird eine sehnsuchtsvolle, nach Versöhnung verlangende Haltung entgegengebracht, deren Versagung lustvollen Schmerz und Resignation zeitigt.[29] Im Laufe

29) "Ein charakteristisches Symptom dieses großen Schubes in der Entwicklung der Selbstzwänge, dieser Verringerung der Spontaneität, dieser Distanzierung und der entsprechenden Zivilisierung, soweit sie die Beziehungen zwischen Frauen und Männern betreffen, ist die Entwicklung romantischer Liebesbeziehungen als reales Vorkommen, und vielleicht mehr noch als Kult und Ideal. Welche anderen Faktoren auch immer im Spiele sind, die Distanzierung der Geschlechter durch den Panzer der Selbstzwänge, die bald in der Form der

des Jahrhunderts verkehrt sich aber Resignation in Negation des Nichtzuerlangenden durch dessen Abqualifizierung. Das zuvor Erwünschte und Unerreichbare wird aus dem Kanon der Wünsche verbannt. An dessen Stelle tritt die Vernichtung des Unerreichbaren als Wunsch. Aus der Sehnsucht und Überhöhung der Frau (und Natur) resultiert bei wachsender Verdrängung Besitzergreifung, aus der Verinnerlichung Einverleibung.

Die Empfindung von Harmonie in Schlegels "Lucinde" erwächst aus der Gemeinsamkeit von Mann und Frau und wird nicht der Frau als eine Leistung aufgebürdet, die sie seelsorgerisch dem Mann darbringen soll.[30] Befriedigung, die aus der Wertschätzung des anderen folgt, treibt sie weiter voran. Das bedeutet aber, daß aus Befriedigung Zuneigung und nicht Geringschätzung oder Verachtung[31] erwächst, durch die die hier vorgestellten Verhältnisse gekennzeichnet sind. Die Befriedigung, die sich selbst zerstört statt erneuert, ist eine des Genusses, der Besitzergreifung: "Die Liebe des Mannes sinkt merklich, von dem Augenblick an, wo sie Befriedigung erhal-

Forts. von letzter Seite
guten Manieren, bald in der des Gewissens oder der Reflexion in Erscheinung treten, kurzum die Verzögerung des begehrten Liebesgenusses und eine wehmütige Genugtuung an der schmerzlichen Freude, sie alle bilden (...) integrale Elemente des Gefühlskomplexes der romantischen Liebe." (Norbert Elias, Die höfische Gesellschaft, Darmstadt, Neuwied 1969, S.361)

30) Simmel beschreibt das weibliche "Wesen" als "jene Undurchbrochenheit der Peripherie, jenes organische Beschlossensein in der Harmonie der Wesensteile unter sich ..." Dabei eigne ihm die Fähigkeit, "mit allem Für-den-andern-dasein dennoch immer selbstgenügsam in sich zu ruhen" (Georg Simmel, Weibliche Kultur, a.a.O., S.297). Das heißt: immer zur Verfügung zu stehen, ohne jemals selbst Ansprüche anmelden zu können. Schopenhauer ist da ungenierter: "Ohne die Frauen würde der Anfang unseres Lebens der Hilfe, die Mitte der Freuden und das Ende des Trostes entbehren (...) (Dieses Lob) bezeichnet den richtigen Gesichtspunkt für den Wert der Weiber." (Arthur Schopenhauer, Über die Weiber, a.a.O., S.667f)

31) "Über die Notwendigkeit, die Frauen zu schlagen. Man kann das, was man liebt, züchtigen. (...) Doch liegt darin der Schmerz über die Verachtung dessen, was man liebt." (Charles Baudelaire, Mein Herz ohne alle Hüllen, in: Intime Tagebücher, a.a.O., S.55).

ten hat: fast jedes andere Weib reizt ihn mehr als das, welches er schon besitzt ..."[32]
Was Schlegel als häßliches, unechtes Glück bezeichnet (nicht nur die "Erzwingung" des "Zufalls", sondern auch die Aneignung der Person), kann zu Ende des Jahrhunderts nur mehr als einzige Verkehrsform der Geschlechter gedacht und empfunden werden. Die Frauen sind das, worüber der Mann hinweg muß.[33] In der Aneignung durch das "Besitzen" (in dieser Bezeichnung für den Geschlechtsakt ist seine Bedeutung schon enthalten: "Der Mann erwartet vom Besitz der Frau etwas anderes als eine Triebbefriedigung: sie ist das bevorzugte Objekt der Natur, durch das er sich diese unterwirft"[34]) zerstört der Mann sein Gefühl, seine Fähigkeit zur Anteilnahme, seine Menschlichkeit.
Natur und Weib sollen gleichzeitig Idealität und Besitz darstellen. In der Idealität der Phantasie breitet sich der ganze Reichtum der Erscheinungsformen, die Vielfältigkeit des Weiblichen und der Natur aus, im Besitz (und der Ausbeutung) reduziert sich die Fülle auf das Immergleiche und die Quantität. Je eintöniger die Beziehung zur Frau in der Realität sich gestaltet, desto bunter gedeihen Wiederbelebungen mythologischer und märchenhafter Bilder, in denen "das Weib" die ganze Palette hochfliegender Träume belebt. In der Sucht nach dem Geheimnis offenbart sich eine bereits entzauberte Natur.

32) Arthur Schopenhauer, Metaphysik der Geschlechtsliebe, Bd.IV, a.a.O., S.634.

33) Schnitzler läßt seinen Helden Anatol im gleichnamigen Stück ironisch sagen: "Nun, ich kam mir so vor wie einer von den Gewaltigen des Geistes. Diese Mädchen und Frauen – ich zermalmte sie unter meinen ehernen Schritten, mit denen ich über die Erde wandelte. Weltgesetz, dachte ich, – ich muß über euch hinweg (...). Und ich hatte wieder diesen törichten Gedanken: Du armes, armes Kind! Das Episodenhafte der Geschichte kam mir so deutlich zum Bewußtsein (...). Sie war wieder eine von denen gewesen, über die ich hinwegmußte." (Arthur Schnitzler, Anatol, in: Das Dramatische Werk I, Frankfurt/Main 1977, S.54–56.) In der Karikatur Anatols ist vorzüglich das Herrschaftsgebaren und dessen Umschlag in Selbstschädigung und Sinnentleerung auf Seiten des Schädigenden gestaltet. Die, die er meinte zu zermalmen, hat ihn schlicht vergessen.

34) Simone de Beauvoir, Das andere Geschlecht, a.a.O., S.168.

So können die Erfolge Maeterlincks als Barometer der fortschreitenden Nüchternheit und der durch sie produzierten Wünsche angesehen werden. Eine Gestalt wie Melisande erscheint wie eine Vision, fremd, schön, ungenau.[35] Im Vagen liegt ihr besonderer Reiz; je offener die Figur gestaltet ist, um so aufnahmefähiger ist sie für die wechselnden Bedürfnisse der Projektion. Das Geheimnisvolle stellt daher eine wesentliche Forderung der Phantasie dar. Die "Entzauberung des Weibes" ist die "Verlangweiligung des Weibes".[36] "Weißt du, was da sein muß, damit ein Mann .../ Ich mein: weißt du das einzige Gewürz,/ Das einzige, das niemals fehlen darf/ In einem Liebestrank, das einzige Ding, woran / der Zauber hängt .../ (...) Geheimnis heißt das Ding. Sonst sei ein Weib / Schön oder häßlich, ob gemein ob hoch,/ Ob Kind, ob Messalina, dies ist gleich,/ Doch ein Geheimnisvolles muß es sein,/ Sonst ist sie nichts."[37] Die bei Hofmannsthal gezeigte Mystifizierung der Frau entdeckt Simone de Beauvoir als Grundtendenz sowohl der abend– als auch morgenländischen Literatur: nicht zufällig wird der Leib der Frau in naturmystischen Bildern gezeichnet.[38] "Wenn der Liebende sie [die Frau] umarmt, will er in ihr alle Schätze des Lebens besitzen. Sie stellt ihm die ganze Tierwelt, die ganze irdische Flora dar: (...) Alle Dichter des Orients und Okzidents haben den Leib der Frau zur Blume, zur Frucht, zum Vogel gemacht."[39]

35) "Du bist schön, als ob du sterben solltest" (Maurice Maeterlinck, Pelleas und Melisande, Stuttgart 1972, S.43). "Sie war ein kleines Wesen, so still, so schüchtern und verschwiegen (...) sie war ein kleines geheimnisvolles Wesen, wie wir alle ..." (ebd., S.54). In Schönheit, Geheimnis und Tod findet der Typus der Fragilen seine Bestimmung. Er verkörpert die pflanzliche Weibnatur in Ergänzung der bestialischen.

36) Friedrich Nietzsche, Jenseits von Gut und Böse, a.a.O., S.168.

37) Hugo von Hofmannsthal, Der weiße Fächer, in: Gedichte, Dramen I, a.a.O., S.457.

38) Xavière Gauthier hat in ihrer Arbeit "Surrealismus und Sexualität. Inszenierung der Weiblichkeit", Berlin 1980, in einem Kapitel die "Frau als Natur" untersucht. Es zeigt sich dabei, daß die Surrealisten – trotz ihres formalen Avantgardismus – die hier verfolgte Motivtradition bruchlos weiterführen, ohne sie um neue Aspekte zu bereichern.

39) Simone de Beauvoir, Das andere Geschlecht, a.a.O., S.168.

Aber zugleich ist sie "anders als das, was von ihr erwartet wird. Obwohl sie alles ist, ist sie niemals gerade *das*, was sie sein sollte."[40] Das ambivalente Verhältnis zur Frau ist von Sehnsucht und Abwehr geprägt. Vorrangig schließt sich Sehnsucht an die Imagination, Abwehr an den realen Kontakt an. Da sich die Sehnsucht an die Utopie von Ganzheit, Geborgenheit und Ungetrenntsein von Natur im Bild der Frau wendet, ist im Konkreten die Ernüchterung vorgegeben: sie wird nurmehr als Teil, als Bruchstück erlebt. Ihrer Überhöhung zum Ganzen in der Phantasie korrespondiert ihre Erniedrigung in der Realität. Sie büßt für die Nichterfüllung unerfüllbarer Wünsche. Ihr Wert bemißt sich nach der Befriedigung, die an ihr gewonnen werden kann, und diese an dem Anspruch des Mannes. Der Anspruch wiederum erwächst aus dem Selbst– und Weltverhältnis des Mannes, das, je unseliger es sich entwickelt, um so herrischere Wünsche hervortreibt. Die diffuse Sehnsucht nach der Frau als dem Leben verfällt im Moment des realen Kontaktes. In Andrians "Der Garten der Erkenntnis" ist dieser Umschlag exemplarisch gestaltet: "Ein Jahr später lebte der Erwin mit einer Frau (...). Sie glich einer Triumphsäule ihres eigenen Lebens, der das unzählige eingeprägt war, was man von ihr erhofft und in ihr gefunden hatte (...). Alle Wunder, die der Erwin von der Offenbarung erwartet hatte, waren in ihr, aber er fand keine Offenbarung."[41]

Dient in der Romantik noch Natur als Fluchtort, ja als Gegenmodell zur Gesellschaft, setzt sich zu Ende des Jahrhunderts die Kunst, das Künstliche, an ihre Stelle. Die Reduktion der Natur auf Materie verhindert eine Funktionalisierung der Natur zu Zwecken der Identifikation.[42] Das Bedürfnis nach einer Spiegelung im Äußeren kann

40) ebd., S.205.

41) Leopold von Andrian, Der Garten der Erkenntnis, a.a.O., S.35.

42) "Der Materialismus maschineller Herrschaft und die industrielle Machbarkeit aller Dinge stützen zwar machtvoll und vielfältig die Verheißung des künftigen Paradieses auf Erden, aber die Hülle dieser sozialen Utopie erweist sich bei dringlicher Suche nach einem Sinn, der über die materielle Wunscherfüllung hinausreichen soll, gar bald als unzureichend und dünn. Sie vermag auf Dauer nicht jene innere Geborgenheit und Identität zu vermitteln, die der

in diesem selbst nicht mehr befriedigt werden. Dasjenige, womit sich der Mann identifizieren kann, wird von ihm selbst mit künstlichen, technischen Mitteln erzeugt.
Intérieur und Treibhaus lösen die Landschaft ab;[43] eine Kunstproduktion, die sich nur noch an sich selbst orientiert, ersetzt diejenige, die ihr Vorbild in der Natur sah. "Die Dichtung des Symbolismus (will) nicht imitatio, sondern creatio sein."[44] Die Kunstwelt über-

---

Forts. von letzter Seite
Mensch einst in der Vorstellung selbst auch einer nur vermittelten Ganzheit oder Totalität finden konnte und die in dieser Form von der Natur nicht mehr gegeben wird und nicht mehr gegeben werden kann, weil sie auf bloße Quantitäten reduziert ist." (Rolf Wedewer, Landschaftsmalerei zwischen Traum und Wirklichkeit, Köln 1978, S.153f).

43) Huysmans hat in "A rebours" beispielhaft Innerlichkeit und Intérieur thematisiert. Der Innenraum spiegelt den des Ich und tritt die Nachfolge der Welt an. In seinem zur Kajüte umgebauten Eßzimmer umschifft Des Esseintes in der Phantasie mit Hilfe der Technik die Erde. "Er kam sich dann vor wie im Zwischendeck einer Brigg, und neugierig betrachtete er sonderbare mechanische Fische, die wie Uhren aufgezogen werden konnten und sich in künstlichem Tang verfingen; oder er sog den Teergeruch ein, den man im Zimmer verbreitet hatte, bevor er eintrat (...). So verschaffte er sich, ohne sich zu rühren, die schnellen, fast augenblicklichen Genüsse einer großen Reise und das Vergnügen am Ortswechsel, das (...) fast niemals im Gegenwärtigen, (...) sondern meist nur in der Erinnerung besteht." (Joris-Karl Huysmans, Gegen den Strich, a.a.O., S.34f) Die Erinnerung und die Phantasie stehen im uneingeschränkten Machtbereich des Individuums. Sie kennzeichnen den narzißtisch sich ausweitenden Kompensationsbedarf für die verlorene konkrete Wirklichkeitserfahrung. Ebenfalls in "A rebours" feiert Huysmans den Sieg des Künstlichen über das Natürliche. "Nach künstlichen Blumen, die die wirklichen nachäffen, wollte er natürliche, die falsche nachahmten" (ebd., S.86). Die Natur wird zur Nachahmung des vom Menschen Geschaffenen gezwungen; hatte durch die Geschichte der Mensch sich der Natur zu unterwerfen, soll dieser Prozeß jetzt umgekehrt werden. Des Esseintes sucht sich für sein Treibhaus exotische Pflanzen aus, die unwirklich erscheinen. "Stoff, Papier, Porzellan und Metall schienen der Natur vom Menschen geliehen, um ihr die Möglichkeit zu geben, ihre Ungeheuer zu schaffen" (ebd., S.90). " ...so beschränkt die Natur auch sein mag – schließlich hat sie sich doch unterworfen, und ihr Gebieter hat es erreicht, sie zu verwandeln ..." (ebd., S.91).

44) Peter Szondi, Das lyrische Drama des Fin de siècle, Frankfurt/Main 1975, S.126.

wuchert die "natürliche", sucht sie zu verdrängen und außer Kraft zu setzen. Das nach außen projizierte Innenleben, wie das ins Subjekt genommene Außen, kennzeichnen die literarische Produktion. Die Steigerung romantischer Subjektivierung der Welt führt zu einer Löschung der Welt als eines ichfremden Anteils und zeitigt dabei eine zunehmende Verarmung und schließlich Entleerung des Ich.[45] Am weitesten vorangetrieben ist dieser Prozeß in der Lyrik: das Gedicht, das nur noch sich selbst reflektiert, gerinnt zu leerer Idealität.[46] Die Schaffung einer vollkommenen Kunstwelt, in der der Schöpfer einsam residiert, offenbart das Maß an Bedrohtheit durch eine entfremdete Welt. Die Kunstwelt zeichnet sich aus durch eine "Perfektionierung der Form als einer Behauptung von Herrschaft über die Welt der Dinge im Medium der Sprache".[47] Die Herrschaft soll eine "Selbstrettung des Subjekts" garantieren,[48] die um so illusorischer wird, je weiter der Kosmos des Gedichts, allein aus dem dichtenden Individuum hervorgetrieben, alle Welt-(Natur-) Anteile verleugnen muß. Die Rettung des Ich scheint abhängig von der Verfügungsgewalt über alles Äußere. Die imaginierten Verwirklichungen solcher Herrschaft lassen die "künstlichen" Paradiese entstehen,[49] die Dorados des herrscherlichen, narzißtischen Ich.

45) "Verlust von Natur als Widerstand und als Anregung führt zu einem Persönlichkeitsschwund. (...) *Alle* Natur wird gleichgültig, sogar die 'Natur' in der eigenen Idee, sofern sie nicht nur noch das 'Ich' ist." (Gustav René Hocke, Die Welt als Labyrinth. Manier und Manie in der europäischen Kunst, Hamburg 1957, S.197f).

46) Hugo Friedrich, Die Struktur der modernen Lyrik, Hamburg 1956, vgl. S.47ff.

47) Ralph-Rainer Wuthenow, Muse, Maske, Meduse. Europäischer Ästhetizismus, Frankfurt/Main 1978, S.129.

48) ebd., S.129.

49) Vgl. dazu: Théophile Gautier, Fortunio, o.O., 1923, S.164ff; Charles Baudelaire, Les fleurs du mal, Rêve parisien, a.a.O., S.330; Villiers de l'Isle-Adam, L'Eve future, a.a.O., S.156ff; Stefan George, Algabal, München, Düsseldorf 1958, S.45ff. (In eingeschränktem Sinn ist auch Des Esseintes' Innenwelt als künstliches Paradies zu verstehen. Die Herrschaft ist dort nur nicht als eine vorwiegend reale über Menschen und Dinge vorgestellt, sondern wird in einer zweiten fiktiven Brechung noch einmal an Bildern und Literatur

Im Reich des Georgeschen Algabal drückt sich, ebenso wie im unterirdischen Paradies Edisons in Villiers' "Eve future", der Traum von einer Welt aus, die aus dem Ich geboren, diesem ganz angehört, die nicht fremd und beängstigend, sondern lustvoll erlebt wird. Die künstlichen Paradiese sollen den Rang einer Gegenschöpfung zur entfremdeten Welt einnehmen, geraten aber dabei bloß zu Manifestationen totalitärer Wünsche. Solche Manifestationen übertreffen – was den Grad an Künstlichkeit und Entfremdung betrifft – das Bestehende bei weitem. Sie nehmen eine kommende Entwicklung vorweg. In diesen "Reichen" ist die organische Natur durch eine künstliche und tote ersetzt: "Mein garten bedarf nicht luft und nicht wärme / Der garten den ich mir selber erbaut / Und seiner vögel leblose schwärme / Haben noch nie einen frühling geschaut".[50] Das unterirdische Paradies Edisons ist ebenfalls durch Leblosigkeit gekennzeichnet. Die singenden Vögel und duftenden Blumen tragen nur den Schein des Lebendigen; sie sind perfekte Nachahmungen mit Hilfe der Technik und verharren so in der ihnen verliehenen Erscheinung. Der Tod ist gebannt dadurch, daß alles tot ist.[51] Im künstlichen Paradies ist aber nicht nur der Tod selbst gebannt, sondern auch jede andere mögliche Bedrohung durch die Natur. Diese vermochte es, in ihrer organischen Wandlungsfähigkeit sich vollständiger Beherrschung zu entziehen. Eine durch Kunst ersetzte Natur ist statisch und unlebendig; das Künstliche ist damit durch seinen Schöpfer völlig zu beherrschen. Das neue Paradies ist eine

Forts. von letzter Seite
nachvollzogen. Eine Ausnahme zum Beispiel ist die Geschichte mit der Schildkröte, S.50–58.) Vgl. dazu: Hans Jürgen Greif, Huysmans "A Rebours" und die Dekadenz, Bonn 1971.

50) Stefan George, Algabal, a.a.O., S.47.

51) Das Kunstwerk selbst setzt sich als ein Ewiges; formal etabliert sich, was inhaltlich in Todesbildern sich zeigt. "Denn entsteht diese Kunst im Bewußtsein des Künstlers, ohne Auftrag und ohne Echo zu sein, so scheint sie keine andere Funktion mehr zu haben als die ihrer eigenen Selbstverwirklichung und die der utopischen Selbstrettung des Subjekts, da im Kunstwerk allem Verfall Einhalt geboten wird. Abgedichtet gegen alle Geschichte, soll ihm auch die Vergänglichkeit nichts anhaben können." Ralph–Rainer Wuthenow, Muse, Maske, Meduse, a.a.O., S.260.

"abgegrenzte Todes–Landschaft".[52] Als Gegennatur erschaffen, trägt es die Züge einer sich immer mehr technisierenden Welt. Die künstliche Welt Edisons erweist sich ebensowenig wie die Algabals als Gegenkonzeption zu einer technisierten. Wie der technische Fortschritt und die mit ihm einhergehende industrielle Entwicklung fußen die künstlichen Paradiese auf einer Zerstörung der Natur. Wenn in diesen die Natur keinen Platz hat, dann auch nicht die Frau.[53] Natur und Frau sollen aus dem omnipotenten Ich hervorgehen. Edison weist den technischen Weg: er konstruiert die Maschinenfrau und eine elektro–mechanische Welt, die er durch die auf Phonographen gebannten Stimmen ehemals Lebender beseelt. Algabal nimmt die mythisch–künstlerische Naturproduktion für sich in Anspruch. Er eignet sich das Weibliche an, indem er es in seine Person hineinnimmt: hermaphroditisch scheint er vollkommen.[54]

Die Phantasie der Vollkommenheit paart sich mit der der ausschließlichen Verfügungsgewalt über die hervorgebrachte Schöpfung. Das narzißtische Ich, das alles aus sich heraus gebiert, nimmt in Anspruch, seine Schöpfung auch wieder vernichten zu können.[55] Die Imagination des Selbst als Gott trägt sadistisch–nekrophile

52) ebd., S.208.

53) Vgl. zum utopischen Gehalt des Romans von Villiers: Hermann Wetzel, Nachwort zu Villiers de l'Isle–Adam: Eva der Zukunft, München 1972.

54) Der Hermaphrodit ist der "künstlerische Sexus" (Gustav René Hocke, Die Welt als Labyrinth, a.a.O., S.203). Die Hereinnahme des Weiblichen signalisiert den Wunsch nach der Schöpfung aus dem Nichts. Die weiblich–männliche Gestalt kann sich selbst befruchten und die eigene Welt hervorbringen. Sie ist autark und bedarf keiner Frauen in der Außenwelt.

55) Weil die ganze Welt eine Emanation des Ich ist, richtet sich die Zerstörungswut ebenfalls gegen Teile des Ich. Lautréamont beschreibt in "Die Gesänge des Maldoror" (München 1976) die Doppelung von Henker und Opfer im Universum des Ich. "Dann, plötzlich, (...) die Nägel in seine weiche Brust zu schlagen, doch so, daß es nicht stirbt; denn wenn es stürbe, könnte man es später nicht leiden sehen" (a.a.O., S.9). "...und doch litt ich ebensosehr wie mein Opfer! Vergib mir, Jüngling! Einmal diesem flüchtigen Leben entronnen, wollen wir uns in Ewigkeit umschlungen halten; nur noch ein Wesen sein (...). Dann wirst du mich zerfleischen" (ebd., S.11).

Züge:[56] "Ich will dass man im volke stirbt und stöhnt / Und jeder lacher sei ans kreuz geschlagen."[57] Das Größenselbst benötigt zu seiner Konstituierung die Machtphantasie; diese ist ihm nicht äußerlich und zufällig. Erst in der durch die Phantasie hergestellten Ewigkeit und Unendlichkeit fühlt sich das narzißtische Ich sicher. Der Wunsch nach Unendlichkeit (der mit dem nach Herrschaft zusammenfällt) äußert sich auf verschiedenen Ebenen. Zum einen stellt im intellektuellen Prozeß die Selbstreflexion eine Unendlichkeit des Ich her: die Brechung des Ich im Spiegel des Ich. Zum anderen nehmen in der künstlerischen Produktion die Spiegelmetaphern ebenfalls diesen Stellenwert ein.[58] Im Bezug auf das Verhältnis zur Frau steht die Vorstellung von Unendlichkeit durch die Fixierung der Liebe im Tod im Vordergrund. Hier koinzidieren der Unendlichkeitswunsch (der Beherrschung des Anderen) mit der Vernichtung des Anderen. "Dauer in der Liebe ist nur durch die Verewigung im Tod möglich."[59] Die Tötung der Frau wird stilisiert zum "heiligen Eros".[60] Die unterschiedlichen Erscheinungsformen einer

56) "Im Gegensatz dazu [zur orthodoxen Psychoanalyse] glaube ich, daß der Kern des Sadismus, der allen seinen Manifestationen gemeinsam ist, die Leidenschaft ist, absolute und uneingeschränkte Herrschaft über ein lebendes Wesen auszuüben. (...) Wer ein anderes lebendes Wesen völlig beherrscht, macht dieses Wesen zu einem Ding, zu seinem Eigentum, während er selbst zum Gott dieses Wesens wird." (Erich Fromm, Anatomie der menschlichen Destruktivität, Stuttgart 1974, S.262)

57) Stefan George, Algabal, a.a.O., S.52. – "...von Sklaven auf Knien bedient, verehrt wie ein Gott, jenen, die ihm mißfielen oder ihn schlecht bedienten, mit so vollkommener Gewandtheit den Kopf abhauend, wie es einem türkischen Henker Ehre gemacht hätte." (Théophile Gautier, Fortunio, a.a.O., S.165) "...ihm (erschien) nichts angenehmer, als ein junges, jungfräuliches Mädchen zu kaufen und es nach der ersten Nacht enthaupten zu lassen: mit dieser klaren und einfachen Methode kam man jedem Betrug zuvor" (ebd., S.168). "...was er [der Mann] als einziger ergriffen und durchdrungen hat, scheint ihm seine eigene Schöpfung zu sein ..." (Simone de Beauvoir, Das andere Geschlecht, a.a.O., S.167).

58) Vgl. z.B. die Hérodiade von Mallarmé.

59) Manfred Durzak, Der junge Stefan George, München 1968, S.245.

60) Georges Bataille, Der heilige Eros, Frankfurt/Main, Berlin, Wien 1974;

Liebesvorstellung, die in der Aufhebung oder Tötung des Liebesobjektes gipfeln, sind narzißtischer Natur. Nicht eine weltvergessene Selbstverliebtheit, sondern eine weltvernichtende Eigenbesetzung macht sich hier geltend. "Der Mann besetzt die Triebabfuhr selbst, nicht die Beziehung zu (...) dem Objekt, das die Triebabfuhr ermöglicht. Abgesichert ist dieser Vorgang durch eine narzißtische Besetzung seines eigenen Triebsubstrats, sowie durch den Besitz eines adäquaten Objekts, das die Abfuhr erlaubt."[61] Die gemeinsame narzißtische Struktur aller vorgeführten "Helden" läßt sich daran nachvollziehen, daß das Liebesobjekt (die Frau) nicht erhalten, sondern vernichtet wird.[62] Die Konzeption einer "objektlosen" Liebe[63] setzt die Vernichtung bereits voraus. Die Frau als real existierendes Liebesobjekt gemahnt den Mann an seine Beschränktheit im Endlichen: die Frau "rettet" den "Mann für das Leben, aber nur, um ihn im Leben festzuhalten, um ihn anzuketten an dessen

---

Forts. von letzter Seite

vgl. dazu die Tötungswünsche der männlichen Figuren bei Barrès. In seinen Erzählungen fällt der Wunsch nach Unendlichkeit zusammen mit einer Verdrängung des Todes durch dessen (sadistische) Ästhetisierung. "...nicht die Schönheit wird dem Tod zugeordnet, nicht Lebensverdrängung findet statt, sondern der Tod wird der Schönheit zugeordnet, und die ästhetische Regel wird zum Regelkodex der Todesverdrängung. (...) Die Ästhetisierung des Todes stellt sich so als zugleich älteste säkulare wie herrschaftskonforme Praktik der Todesverdrängung dar." (Gert Heidenreich, Ästhetischer Sadismus, München 1971, S.71f)

61) Béla Grunberger, Beitrag zur Untersuchung des Narzißmus in der weiblichen Sexualität, in: Janine Chasseguet-Smirgel (Hrsg.), Psychoanalyse der weiblichen Sexualität, Frankfurt/Main 1976, S.112.

62) Freud setzt in seiner zweiten Triebtheorie das Lebensbejahende, den Lebenswillen, nur in die Verbindung zweier Menschen. "...wenn das Lebende aus inneren Gründen stirbt, dann ist das, was gegen den Tod kämpft, nicht etwas dem Leben Innewohnendes, sondern die Kopulation eines Sterblichen mit einem Sterblichen. Eben dies nennt Freud Eros; der Wunsch nach dem Anderen wird unmittelbar mit dem Setzen von Eros impliziert; immer kämpft das Lebende zusammen mit einem Anderen gegen den Tod (...). Freud sucht den Drang nicht in irgendeinem Lebenwollen, das jedem Einzelnen innewohnt: in dem *alleine* Lebenden findet er nur den Tod." (Paul Ricœur, Die Interpretation, Frankfurt/Main 1974, S.299)

63) Vgl. Rainer Maria Rilke, Die Aufzeichnungen des Malte Laurids Brigge, Frankfurt/Main 1910, besonders die Fabel vom verlorenen Sohn.

Endlichkeit. Die wirkliche Frau, die Mutter, ist der tiefste Gegensatz aller Sehnsucht nach Unendlichkeit."[64] Die Zerstörung der Frau und die der Natur befreien den Mann für das Reich des Geistes. Während einerseits das narzißtische Ich in der Produktion des symbolistischen Kunstwerks (Mallarmé, George) sich selbst als Teil zum Ganzen macht, versucht es andererseits, die Natur noch einmal als Ganzes mythisch zu etablieren (Hauptmann). In der Erschaffung einer neuen Natürlichkeit zeichnet sich gleichermaßen die unwirtliche Welt als deren Voraussetzung ab.[65] "Das Bild der unentstellten Natur entspringt erst in der Entstellung als ihr Gegensatz."[66] In der Utopie dieser "unentstellten" Natur sind aber alle Merkmale ihrer Ausbeutung enthalten. Sie erweist sich als ein Schlaraffenland für den Mann. – Exemplarisch soll die künstliche Wiederbeseelung der Natur, die sich im Gegensatz zur Herrschaft der künstlichen Paradiese wähnt, an Hauptmanns "Ketzer von Soana" gezeigt werden.

Die naturmystische Haltung, wie sie in "Der Ketzer von Soana" auftritt, zeigt die Tendenz zur Sexualisierung der Natur, die in der Zweiteilung in zeugende und gebärende das zeugende Prinzip als oberstes setzt. "Alle Völker verehrten den Stier, den Bock, den Widder (...). Dazu sage ich: ja! – Denn die zeugende Macht ist die höchste Macht, die zeugende Macht ist die schaffende Macht, Zeugen und Schaffen ist das gleiche."[67] "Die ganze Natur (...) donnert (...) ein ungeheures Phalluslied."[68] (Vgl. Abb. 14.) Der Phalluskult treibt dabei recht merkwürdige Blüten, die als kurios zu vergessen wären, zeigten sich nicht auch hier Vernichtungswünsche

64) Georg Lukács, Die Seele und die Formen, Neuwied, Berlin 1971, S.54.

65) "Der Bürger will im Grunde sich selbst nicht als Mitglied einer Sozietät, sondern als 'Ursprung', als 'Natur', (die daher als seine ihm ganz eigene Erfindung gelten kann). Er reflektiert auf ein Außer–sich–sein, eine Existenz, die er selber nicht ist." (Peter Michelsen, Frank Wedekind, a.a.O., Berlin 1969, S.58)

66) Theodor W. Adorno, Minima Moralia, Frankfurt/Main 1976, S.119.

67) Gerhart Hauptmann, Der Ketzer von Soana, Frankfurt/Main, Berlin, Wien 1974, S.12.

68) ebd., S.56.

im Namen der Lust: über den "Weiber(n), die nur von den mächtigen Wogen ihres Haares wie von schweren goldenen oder schwarzen Mänteln bedeckt waren, (...) lag eine Demut (...) gleich wie über Opfertieren (...). In den Augen der Mönche lag stille besinnungslose Wut, (deren) rasender Ausbruch zu erwarten war (...). Die gewaltigen Rufe der großen Nachtvögel wurden von den herzerstarrenden Schmerzensschreien der Priesterinnen übertönt, die an den Qualen der Lust dahinstarben."[69] Die "dionysisch" verbrämte Phantasie bewegt sich in den bekannten, Gewalt und Herrschaft reproduzierenden Bahnen, so daß die Natur– und Sinnlichkeitseuphorie nicht als Gegenmodell zur ausbeuterischen Naturauffassung interpretiert werden kann. In der Vereinnahmung der Frau als Opfer wiederholt sich die Vereinnahmung der Natur nach Maßgabe des männlichen Bedürfnisses. Wird Sexualität verdrängt, erscheint sie als alleiniges Merkmal der Frau, dem Geistigen unterlegen. Reklamiert der Mann sie wieder für sich, verbindet er sie mit seinen sonstigen Herrschaftsattributen: der Phallus wird zum Zepter und zum Schwert. "Er identifiziert sich mit Natur, indem er den Schrei, den er selbst nicht ausstoßen darf, in seinen Opfern tausendmal erzeugt."[70]

Die wieder aufgefrischte Mythologie kann eine Neubeseelung der Natur nicht leisten. In der Besamung der Erde durch den Himmel, die Hauptmann leitmotivisch setzt,[71] wird nicht ein pantheistisches Prinzip nochmals lebendig. Eher präsentiert sich in einer solchen Phantasie eine Selbsterhöhung des Betrachters eines Gewitters, der in "mythischer" Naturidentifizierung Omnipotenzvorstellungen kultiviert. Der Priester Francesco, der Protagonist des Romans und Betrachter des Naturschauspiels, möchte teilhaben an der Zeugung,

---

69) ebd., S.82f.

70) Max Horkheimer, Theodor W. Adorno, Dialektik der Aufklärung, Frankfurt/Main 1973, S.101.

71) "Dabei kam es ihm vor, als ruhe das schwarze Gewitter über dem riesenhaften Felsrücken des Generoso, wie ein ungeheurer Stier über einer Färse ruht (...) und übe mit keuchender Flanke das zeugende Werk der Fruchtbarkeit." (Gerhart Hauptmann, Der Ketzer von Soana, a.a.O., S.81)

um sich als Mitschöpfer[72] an Gottes Natur fühlen zu können. Diese ist ihm die "ewige Mutter"[73], zu der er im Verhältnis des Sohnes steht. (Vor seiner Bekehrung durch "Eros" nahm die "heilige Mutter Kirche"[74] diesen Platz ein.) Er ist "ihr Liebling, ihr Auserwählter, den sie in das heilige Geheimnis ihrer Liebe und Mutterschaft einweiht".[75] Hauptmann erinnert hier an Bachofen, dessen Mutterkult ebenfalls für den Sohn veranstaltet wird: die Mutter "erkennt an der Bildung des Sohnes die Bildung jener Kraft, deren Befruchtung sie ihr Muttertum zu verdanken hat. Mit Entzücken weilt ihr Blick auf dem Gebilde. Der Mann wird ihr Liebling, der Bock ihr Träger, der Phallus ihr steter Begleiter."[76] Das Abhängigkeitsverhältnis des Sohnes von der Mutter vertauscht Bachofen und mit ihm auch Hauptmann, indem er jede Frau zur Mutter erklärt und sie mit den gleichen Gefühlen belegt wie die eigene, leibliche Mutter. "So wird der Sohn selbst zum Gemahl, zum Befruchter der Mutter, selbst zum Vater (...). Aus dem Sohne wird er der Mutter Befruchter, aus dem Erzeugten Selbsterzeuger, und immer steht ihm dasselbe Weib, bald als Mutter, bald als Gemahlin gegenüber. Der Sohn wird sein eigener Vater."[77] Alle Frauen fließen in einer zusammen, deren Funktion ungeschichtlich allein durch ihre Mütterlichkeit bestimmt ist. Eine Frau steht für die Gattung, die Gattung ist durch eine vertreten. Der Sohn, der seine eigene Erzeugung verursacht haben will, erlebt sich göttlich: er produziert seinen eigenen Anfang. Er stellt sich außerhalb der Zeit, ist übergeschichtlich. In dieser Selbststilisierung als Gott Vater und Gott Sohn werden alle Nebengötter ausgeblendet, der Mann erlebt sich als Beherrscher des Universums. Der Phallus, der zum Herrschaftssymbol[78]

72) ebd., S.81.
73) ebd., S.75.
74) ebd., S.75.
75) ebd., S.66f.
76) J.J. Bachofen, Der Mythos vom Orient und Occident, München 1926, S.129.
77) ebd., S.128.
78) "...der erigierte Phallus (symbolisiert) die unumschränkte Macht, die

schlechthin wird, ist aber so sehr an die Repräsentation des Universums durch die Mutter gebunden, daß er nicht als Ausdruck einer Genitalität im Sinne Freuds (wie der Phallus vermuten ließe), sondern als Manifestation einer oralen Organisation[79] zu werten ist. Das Welt–, Natur– und Frauenverhältnis des phallusfixierten Mannes ist eines der Einverleibung. So nimmt es nicht Wunder, daß Freud für die "phallische Phase" aus dem Blickwinkel des Mannes nicht die Entdeckung der Vagina als Äquivalent zum Penis beobachten kann.[80] Die Frau ist entweder oral besetzte Mutter oder ka-

---

Forts. von letzter Seite
magische oder übernatürliche transzendentale Männlichkeit und nicht die rein priapistische Spielart der männlichen Macht, die Auferstehungshoffnung und die Kraft, die sie hervorbringen kann, das Lichtprinzip, das weder Schatten noch Vielfalt duldet und die ewig quellende Einheit des Wesens aufrechterhält." J. Laplanche, J.–B. Pontalis, Das Vokabular der Psychoanalyse, a.a.O., S.387.

79) "Eine erste (...) Sexualorganisation ist die orale oder (...) kannibalische. Die Sexualtätigkeit ist hier von der Nahrungsaufnahme noch nicht gesondert, Gegensätze innerhalb derselben nicht differenziert. Das Objekt der einen Tätigkeit ist auch das der anderen, das Sexualziel besteht in der Einverleibung des Objektes, dem Vorbild dessen, was späterhin als Identifizierung eine so bedeutsame psychische Rolle spielen wird." Sigmund Freud, Drei Abhandlungen zur Sexualtheorie, a.a.O., s.103.

80) Freud spricht von einer Unkenntnis der Vagina (Sigmund Freud, Werke, Bd.V, S.179). Vgl. auch die Studien von Karen Horney, Die Angst vor der Frau, Die Verleugnung der Vagina, in: Die Psychologie der Frau, München 1977.

Es scheint paradox, daß eine vorgestellte oder reale gewalttätige Penetration mit der Imagination der Einverleibung (Auffressen) gekoppelt wird. Ist auf einer rationalisierten Ebene dieser Vorgang als Wunsch totaler Beherrschung verständlich, bleibt doch das Problem einer psychologischen Erklärung. Setzt man eine Regression voraus, stößt man wieder auf das Bild der übermächtigen versagenden Mutter, der gegenüber zu Recht, im Dienste der Icherhaltung, Feindseligkeit geboten ist. Diese Erklärungsmodelle verharren in einer mythologischen Sicht, weil sie die objektiv–realen (erwachsenen) Machtverhältnisse leugnen. Andererseits kann der Automatismus der Reaktionsbildungen nicht übergangen werden. Es bleibt daher zu fragen, in wessen Dienst die männlichen Insuffizienzgefühle und deren Abwehrstrategien stehen. Mögliche Antworten ließen sich aus der Analyse männerbündischer Organisationen gewinnen, die, als kulturelles Phänomen, individuell eingeübtes Verhalten verdeutlichen. Sie scheinen auf eine am-

strierter Mann. Von einer Entdeckung oder besser: Aufhebung der Verleugnung weiblicher Sexualität wie von männlicher, die nicht zwangsregrediert ist, kann solange keine Rede sein, als das Verhältnis der Geschlechter offen oder verkappt sich auf der Mutter–Sohn–Ebene vollzieht. Der Phallus, als Zeugungssymbol eingeführt (Bock, Widder), erschließt sich bei genauer Lektüre als ein Symbol der Zerstörung, negiert damit seine Zeugungsfähigkeit. Der zitierte phallische Kult hat (im Gegensatz zum antiken) nicht Zeugung, sondern Vernichtung zum Ziel, da die Frauen, statt befruchtet, getötet werden.
Das Verhältnis, das Francesco zu Agata eingeht, die ihm die gesamte weibliche Natur durch das "sinnenheiße Mysterium (ihres) isishaften Körpers"[81] offenbart, ist ebenfalls geprägt durch den Widerspruch, daß sich Francesco im Besitzergreifen und Zerstören schaffend wähnt. Er fühlt sich "als ein ringsumher Schaffender."[82] Er entpersonalisiert Agata, indem er sie zur Göttin erklärt. Als solche existiert sie aber nicht in Individualität (so würde sie sich selbst bedeuten, d.h. nichts anderes symbolisieren), sondern als Abstraktum, Repräsentanz von Weiblichkeit schlechthin, die er durch Internalisierung als ein Teil seiner selbst erfährt. "War er von diesen Lippen, diesem Haar, diesen Brüsten und Armen jemals getrennt gewesen?"[83] Der Liebesakt, der Aneignung bedeutet, mündet in zwanghafte Wiederholung. Nur im Vollzug ist die Symbiose erreicht, die den Besitz verewigen soll. "Mitten im überirdischen

---

Forts. von letzter Seite
bivalente Mutterbindung (die auf jede Frau übertragen wird) angewiesen, um die latente Homosexualität, die den Männerbund zusammenschweißt, herzustellen. (Vgl. dazu: Klaus Theweleit, Männerphantasien, Franfurt/Main 1977). Als Männerbund ist aber nicht nur eine militärische oder paramilitärische Organisation zu verstehen, sondern die patriarchalische Gesellschaft insgesamt. Vgl.: Ernest Borneman, Das Patriarchat, Frankfurt/Main 1975, und besonders: Otfried Eberz, Die beiden Zeitalter der Menschheit und Die Philosophie des gnostischen Feminismus und die des agnostischen Hominismus in: Sophia und Logos oder die Philosophie der Wiederherstellung, Freiburg 1976.

81) Gerhart Hauptmann, Der Ketzer von Soana, a.a.O., S.74.

82) ebd., s.110.

83) ebd., S.115.

Rausch des Genusses empfand der Jüngling mit stechendem Schmerz die Vergänglichkeit, im Genuß des Besitzes die Qual des Verlustes."[84] Die Angst vorm Ende des Aktes ist die vorm Ende des Besitzes. So muß er "immer aufs neue, unersättlich sich seines Eigentums (...) versichern".[85] Die Potenz des Mannes ist die Kraft der Besitzerhaltung, die, je mehr die Frau in ihrer Eigenständigkeit verhindert wird, garantiert erscheint. Hauptmann zeigt exemplarisch den Vorgang der Verdinglichung durch Vergötzung. "Es war eine Göttin, es war kein Weib. Und *es* war überhaupt *nichts, was für sich bestand*: er wühlte sich in den Kern der Welt, und das Ohr unter die magdlichen Brüste gedrückt, hörte er glücklich schaudernd das Herz der Welt pochen (...), wie ergeben und glücklich diente sie ihm."[86]

Welt, Natur, Frau sind Besitz, und als Besitz können sie ihre Bedeutung tauschen. Indem das eine das andere ist, hat keines mehr Bedeutung für sich selbst. Das psychische Verhältnis zu Frauen und Dingen bestimmt sich nach deren symbolischem Äquivalenzwert.

Die Frau repräsentiert Natur, wie Natur (als natura naturata) weiblich gedacht wird. "Der Mann als Herrscher versagt der Frau die Ehre, sie zu individuieren. Die einzelne ist gesellschaftlich Beispiel der Gattung, Vertreterin ihres Geschlechts und darum, als von der männlichen Logik ganz erfaßte, steht sie für Natur, das Substratum nie endender Subsumtion in der Idee, nie endender Unterwerfung in der Wirklichkeit."[87]

Die Ein– und Unterordnung, nach der Herrschaft vollzogen wird, findet ihren psychischen Ausdruck in der Herrschaft durch Einverleibung. Der Sohn, der aus dem Leib der Mutter kam, dreht das Verhältnis um, versteht diese als Nahrung und verleibt sie sich selbst ein. Wie die Frau ihm Mutter bleibt, bezieht er sich auf Natur als Mutter. Der Körper der Frau und der der Natur dienen ihm zur Nahrung. Auch in der geschlechtlichen Begegnung mit der

84) ebd., S.114.
85) ebd.,S. 115.
86) ebd., S.115 (Hervorhebung von mir).
87) Max Horkheimer, Theodor W. Adorno, Dialektik der Aufklärung, a.a.O., S.110.

Frau wird dieses Schema über die sexuelle Bedeutung gelegt und eine erotische Beziehung damit vernichtet.[88] Francesco erlebt Agates Körper als "unvergängliche göttliche Speise",[89] "deren Genuß [dem] Gott gleichmachte."[90] (Im Wort Genuß ist die Bedeutung des Verzehrens noch enthalten.) Als Triumph über die Moral, die das Christentum der Sinnlichkeit auferlegt, erlebt Francesco im Rausch vor allem seine Herrlichkeit; "als alleiniger Adam, alleiniger Herr des Gartens Eden" verzehrt er "das Fruchtfleisch ihres Körpers".[91]

Der phallische Kult entlarvt sich als einer der Regression. Gebunden an Natur, deren Übermacht sich im Bild der Mutter festschreibt, scheint die Befreiung nur durch deren Vernichtung erlangbar. Lust, Einverleibung und Zerstörung gehen eine unauflösliche Synthese ein. Das Objekt der Liebe ist gleichzeitig das, an dem sich die Vernichtung zu vollziehen hat. Das freigesetzte Begehren bringt alle Mittel der eigenen Unterdrückung am Objekt zur Anwendung: Francesco war "gezwungen, (...) um jeden Preis Gewalt über Agata zu suchen und auszuüben. Er nahm sie mit Worten in Besitz. Je mehr er sie demütigte, desto voller tönten in ihm die Harfen der Seligkeit. Jeder Schmerz, den er ihr strafend zufügte, weckte einen Taumel in ihm".[92]

88) "Der Biß in den Apfel beim Liebeszauber ist das Urbild der sexuellen Vereinigung, denn die orale Lust des Kindes wird im genitalen Akt des Erwachsenen wiedergefunden." (Géza Róheim, Die Panik der Götter, Aphrodite oder die Frau mit einem Penis, München 1975, S.262) Róheim zieht nicht die Konsequenz aus seiner Beobachtung, daß es sich nicht um ein Aufgehobensein der Oralität in der Genitalität, sondern um eine Substitution der psychischen Besetzung handelt, obwohl er vorher Mack Brunswick zitiert: "Die traditionelle männliche Vorstellung über Frauen ist die, daß Frauen keine echte Sexualität haben (...); es ist, als werde den Frauen alle Sexualität, die dem Phallus zugeschrieben wird (...) versagt." Róheim fügt hinzu: Weil "der weibliche Phallus (Orgasmus) eine Bedrohung für den Mann ist." (ebd., S.236)

89) Gerhart Hauptmann, Der Ketzer von Soana, a.a.O., S.101.

90) ebd., S.116.

91) ebd., S.109.

92) ebd., S.93.

Das Sein der Frau als Natur ist Gemeinplatz und quer durch die Geschichte zu verfolgen, in der Wertschätzung aber abhängig von der in der jeweiligen Epoche ausgeprägten Auffassung von Natur. Der Naturbegriff unterliegt vielfältigsten Veränderungen, seismographisch drückt er das Verhältnis des Herrschenden zur Welt aus. Herrschaft über die Natur und im Namen der Natur, diese widersprüchliche Gleichzeitigkeit der Zuschreibung von Objekt– und Subjektcharakter der Natur wird "gelöst" durch eine Aufspaltung in ein passives und ein aktives Bestimmungsmoment: natura naturata und natura naturans. In der letzteren ist die Schöpferkraft verborgen, die göttliche, ordnende, gleichzeitig Leben und Gesetz schaffende; die natura naturata, das Geschaffene, die Materie, das Produkt, ist durch das Stigma des Hervorgebrachten schon das Unterworfene: auf dieser Grundlage kann der wissenschaftliche Naturbegriff sich erst entwickeln. Die Frau als Natur ist der natura naturata zuzuordnen, ihr Charakteristikum ist das Hervorbringen nach fremdem Gesetz, nicht aus eigener Bestimmung, Selbstbestimmung. Somit eignet ihr keine Subjektqualität. Im Prozeß der Aneignung göttlicher Attribute nimmt der Mann auch das "naturans" für sich in Anspruch; Zeugen und Ordnungschaffen berechtigen zur Herrschaft und Zerstörung. Gelingt es, Natur auf ein Mechanisches zu reduzieren, ihr die Idee eines Telos abzusprechen, steht der Willkür kein Hemmnis entgegen. Vernunft reflektiert die eigenen Bedingungen unter der Perspektive der Macht über Natur. Was sich Geist und Vernunft nennt, ist allemal dem feindlich, was als Naturnotwendigkeit dem ordnenden Zugriff sich entzieht: im Tod noch triumphiert das Getötete. Das Lebendige, das Sexuelle, scheint bis an diese Grenze manipulierbar; ganz unterjocht ist es auf dem Hintergrund einer lebensphilosophischen Uminterpretierung des Tödlichen als Bedingung des Lebendigen. Geschichte zeigt sich so als Prozeß zunehmender Perfektionierung von Naturbeherrschung, bedingt und gefolgt von der Anstrengung, den Tod in den Griff zu bekommen.

LITERATURVERZEICHNIS

1. Primärliteratur:

Andrian, Leopold von, Der Garten der Erkenntnis, Berlin 1895
Barrès, Maurice, Vom Blute, von der Wollust und vom Tode, dt. von A.v.Kühlmann, Berlin 1918
Barrès, Maurice, Le jardin de Bérénice, in: Le culte du moi III, Paris 1922
Baudelaire, Charles, Die Blumen des Bösen, Les fleurs du mal, dt. von Carl Fischer, München, 1979
Baudelaire, Charles, Intime Tagebücher und Essays, München 1978
Gautier, Théophile, Fortunio, dt. von Max Pulver, o.O. 1923
George, Stefan, Algabal, in: Werke, 2 Bde., München, Düsseldorf 1958
Hauptmann, Gerhart, Kaiser Karls Geisel, in: Das dramatische Werk in vier Bänden, Bd.2, Frankfurt/Main, Berlin, Wien 1974
Hauptmann, Gerhart, Der Ketzer von Soana, Frankfurt/Main, Berlin, Wien 1974
Hofmannsthal, Hugo von, Der Kaiser und die Hexe, Der weiße Fächer, in: Gesammelte Werke in 10 Bdn., Gedichte, Dramen I, Frankfurt/Main 1979
Huysmans, Joris–Karl, Gegen den Strich, dt. von Hans Jacob, Frankfurt/Main, Berlin, Wien 1972
Huysmans, Joris–Karl, Tief unten, dt. von V. H. Pfannkuche, Frankfurt/Main, Berlin, Wien 1971.
Jarry, Alfred, Le surmâle / Der Supermann, dt. von Greta Tüllmann, Renate Gerhardt, Berlin 1969
Lautréamont, Die Gesänge des Maldoror, dt. von Ré Soupault, München 1976
Maeterlinck, Maurice, Pelleas und Melisande, dt. von Friedrich von Oppeln–Bronikowski, Stuttgart 1972
Mann, Heinrich, Die Jagd nach Liebe, Hamburg, Düsseldorf 1970
Przybyszewski, Stanislaw, Totenmesse, Berlin 1900
Rilke, Rainer Maria, Die Aufzeichnungen des Malte Laurids Brigge, Frankfurt/Main 1910
Schlegel, Friedrich, Lucinde, Stuttgart 1977

Schnitzler, Arthur, Anatol, in: Das dramatische Werk, Frankfurt/Main 1977, Band I

Villiers de l'Isle–Adam, J. M.Ph. A. Comte de, Die Eva der Zukunft, dt. von Annette Kolb, München 1972

Wedekind, Frank, Erdgeist, Die Büchse der Pandora, München o.J.

Wedekind, Frank, Gesammelte Werke in neun Bänden, München 1912–21, Bd.9

Wilde, Oscar, Salome, dt. von Christine Hoeppener, Frankfurt/Main 1975

2. Sekundärliteratur:

Adorno, Theodor W., Kierkegaard, Frankfurt/Main 1974

Adorno, Theodor W., Minima Moralia, Frankfurt/Main 1976

Adorno, Theodor W., Negative Dialektik, Frankfurt/Main 1973

Bachofen, Johann Jakob, Der Mythos vom Orient und Occident, Aus den Werken von J.J. Bachofen, Hrsg.: Manfred Schroeter, München 1926

Bahr, Hermann, Secession, Wien 1900

Basil, Otto, Arabeske über die Jugenstilfrau, in: Ein wilder Garten ist dein Leib, Wien, Hannover 1968

Bataille, Georges, Der heilige Eros, Frankfurt/Main, Berlin, Wien 1974

Beauvoir, Simone de, Das andere Geschlecht. Sitte und Sexus der Frau, Hamburg 1968

Blei, Franz, Über Wedekind, Sternheim und das Theater, Leipzig 1915

Bloch, Ernst, Das Materialismusproblem, seine Geschichte und Substanz, Frankfurt/Main 1972

Bloch, Ernst, Das Prinzip Hoffnung, Frankfurt/Main 1969

Bölsche, Wilhelm, Die naturwissenschaftlichen Grundlagen der Poesie (1887), Tübingen 1976

Borneman, Ernest, Das Patriarchat, Frankfurt/Main 1975

Bovenschen, Silvia, Die imaginierte Weiblichkeit. Exemplarische Untersuchungen zu kulturgeschichtlichen und literarischen Präsentationsformen des Weiblichen, Frankfurt/Main 1979

Braß, Friedrich Karl, Oscar Wildes Salome. Eine kritische Quellenstudie. Diss. Münster 1913

Chasseguet – Smirgel, Janine (Hrsg.), Psychoanalyse der weiblichen Sexualität, Frankfurt/Main 1976
Châtelet, François (Hrsg.), Die Philosophie im Zeitalter von Industrie und Wissenschaft, Geschichte der Philosophie, Band VI, Frankfurt/Main, Berlin, Wien 1975
Dahmer, Helmut, Libido und Gesellschaft, Frankfurt/Main 1973
Durzak, Manfred, Der junge Stefan George, München 1968
Eberz, Otfried, Sophia und Logos oder die Philosophie der Wiederherstellung, Freiburg 1976
Elias, Norbert, Die höfische Gesellschaft, Darmstadt, Neuwied 1969
Elias, Norbert, Über den Prozeß der Zivilisation, Frankfurt/Main 1977
Enzensberger, Christian, Literatur und Interesse, 2 Bde., München, Wien 1977
Fischer, Jens Malte, Fin de siècle. Kommentar zu einer Epoche, München 1978
Foucault, Michel, Sexualität und Wahrheit, Frankfurt/Main 1977
Freud, Sigmund, Drei Abhandlungen zur Sexualtheorie, Über die weibliche Sexualität, Studienausgabe, Bd. V, Frankfurt/Main 1972
Freud, Sigmund, Das Ich und das Es, Studienausgabe, Band III, Frankfurt/Main 1974
Freud, Sigmund, Die 'kulturelle' Sexualmoral und die moderne Nervosität, Studienausgabe, Band IX, Frankfurt/Main 1974
Freud, Sigmund, Das Unbehagen in der Kultur, Studienausgabe, Band IX, Frankfurt/Main 1974
Freud, Sigmund, Die Zukunft einer Illusion, Studienausgabe, Band IX, Frankfurt/Main 1974
Friedrich, Hugo, Die Struktur der modernen Lyrik, Hamburg 1956
Fritz, Horst, Die Dämonisierung des Erotischen in der Literatur des Fin de siècle, in: R. Bauer u.a. (Hrsg.), Fin de siècle, Frankfurt/Main 1977
Fromm, Erich, Anatomie der menschlichen Destruktivität, Stuttgart 1974
Gamm, Gerhard, Der Wahnsinn in der Vernunft, Bonn 1981
Gauthier, Xavière, Surrealismus und Sexualität. Inszenierung der Weiblichkeit, Berlin 1980
Glaser, Hermann, Sexualität und Aggression, München 1975
Glaser, Horst Albert, Arthur Schnitzler und Frank Wedekind –

Der doppelköpfige Sexus, in: ders. (Hrsg.), Wollüstige Phantasie. Sexualästhetik in der Literatur, München 1974
Greif, Hans Jürgen, Huysmans' "A Rebours" und die Dekadenz, Bonn 1971
Guthke, Karl S., Die Mythologie der entgötterten Welt, Göttingen 1971
Hahlbrock, Peter, Gustave Moreau oder Das Unbehagen in der Natur, Berlin 1976
Hamann, Richard, Jost Hermand, Impressionismus, Berlin 1960
Hartmann, Eduard v., Philosophie des Unbewußten, Teil I, Leipzig o.J.
Hauser, Arnold, Sozialgeschichte der Kunst und Literatur, München 1975
Heidenreich, Gert, Ästhetischer Sadismus. Verdrängung und Sublimierung, in: Hermann Glaser (Hrsg.), Jugend – Stil und Stil der Jugend, München 1971
Heller, Agnes, Theorie der Gefühle, Hamburg 1980
Hennemann, Gerhard, Naturphilosophie im 19. Jahrhundert, Freiburg, München 1959
Hermand, Jost, Undinen – Zauber. Zum Frauenbild des Jugendstils, in: Wissenschaft als Dialog, Stuttgart 1969
Hermand, Jost, Jugendstil, Ein Forschungsbericht, Stuttgart 1965.
Hinterhäuser, Hans, Fin de siècle. Gestalten und Mythen, München 1977
Hocke, Gustav René, Die Welt als Labyrinth. Manier und Manie in der europäischen Kunst, Hamburg 1957
Hofstätter, Hans H., Symbolismus und die Kunst der Jahrhundertwende, Köln 1978
Horkheimer, Max, Th. W. Adorno, Dialektik der Aufklärung, Frankfurt/Main 1973
Horkheimer, Max, Zur Kritik der instrumentellen Vernunft, Frankfurt/Main 1974
Horney, Karen, Die Psychologie der Frau, München 1977
Jullian, Philippe, Mythen und Phantasmen in der Kunst des Fin de siècle, Berlin 1971
Jullian, Philippe, Der Symbolismus, Köln 1974
Just, Klaus Günther, Nihilismus als Stil. Zur Prosa von Stanislaw Przybyszewski, in: Wissenschaft als Dialog, Festschrift für Wolfdietrich Rasch, Stuttgart 1969

Koppen, Erwin, Dekadenter Wagnerismus. Studien zur europäischen Literatur des Fin de siècle, Berlin, New York 1973

Kraus, Karl, Grimassen, München 1977

Kraus, Karl, Aphorismen, aus: Sprüche und Widersprüche, (Hrsg.): Heinrich Fischer, München 1955

Kubin, Alfred, Das zeichnerische Frühwerk bis 1904, Ausstellungskatalog Baden – Baden 1977

Laplanche, J., J. – B. Pontalis, Das Vokabular der Psychoanalyse, 2 Bände, Frankfurt/Main 1975

Lukács, Georg, Die Seele und die Formen, Neuwied, Berlin 1971

Marquard, Odo, Zur Bedeutung der Theorie des Unbewußten für eine Theorie der nicht mehr schönen Kunst, in: Die nicht mehr schönen Künste, Poetik und Hermeneutik III, München 1968

Marx, Karl, Die deutsche Ideologie, MEW Band III, Berlin 1969

Marx, Karl, Ökonomisch – Philosophische Manuskripte, MEW Ergänzungsband, 1.Teil, Berlin 1973

Mattenklott, Gert, Bilderdienst. Ästhetische Opposition bei Beardsley und George, München 1970

Mayer, Hans, Außenseiter, Frankfurt/Main 1975

Michelsen, Peter, Frank Wedekind, in: Deutsche Dichter der Moderne. Ihr Leben und Werk, hrsg. von Benno von Wiese, Berlin 1969.

Mitchell, Juliet, Psychoanalyse und Feminismus, Frankfurt/Main 1976

Nietzsche, Friedrich, Jenseits von Gut und Böse, Stuttgart 1976

Nietzsche, Friedrich, Also sprach Zarathustra, Köln o.J.

Oehler, Dolf, Liberté, Liberté Chérie. Männerphantasien über die Freiheit. Zur Problematik der erotischen Freiheits – Allegorie, in: Georg Büchner, Dantons Tod – Die Trauerarbeit im Schönen, Frankfurt/Main 1980

Platon, Das Gastmahl, Stuttgart 1971

Praz, Mario, Liebe, Tod und Teufel. Die schwarze Romantik, München 1963

Rasch, Wolfdietrich, Zur deutschen Literatur seit der Jahrhundertwende, Stuttgart 1967

Reik, Theodor, Aus Leiden Freuden. Masochismus und Gesellschaft, Hamburg 1977

Ricœur, Paul, Die Interpretation, Frankfurt/Main 1974

Róheim, Géza, Die Panik der Götter, München 1975

Shattuck, Roger, Die Belle Epoque, München o.J.
Simmel, Georg, Weibliche Kultur, in: Philosophische Kultur, Leipzig 1911
Symbolismus in Europa, Ausstellungskatalog, Baden–Baden 1976
Der Symbolismus in Wort und Bild, Text von Robert L.Delevoy, Genf 1979
Szondi, Peter, Das lyrische Drama des Fin de siècle, Frankfurt/Main 1975
Szondi, Peter, Theorie des modernen Dramas, Frankfurt/Main 1969
Schelsky, Helmut, Soziologie der Sexualität, Hamburg 1956
Schneider, Manfred, Die Angst und das Paradies des Nörglers. Versuch über Karl Kraus, Frankfurt/Main 1977
Schopenhauer, Arthur, Zürcher Ausgabe, Werke in 10 Bänden, Zürich 1977
Schulte, Regina, Sperrbezirke. Tugendhaftigkeit und Prostitution in der bürgerlichen Welt, Frankfurt/Main 1979
Taylor, Gordon Rattray, Kulturgeschichte der Sexualität, Frankfurt/Main 1977
Theweleit, Klaus, Männerphantasien, Frankfurt/Main 1977
Thomalla, Ariane, Die "femme fragile". Ein literarischer Frauentypus der Jahrhundertwende, Düsseldorf 1972
Wedewer, Rolf, Landschaftsmalerei zwischen Traum und Wirklichkeit, Köln 1978
Weininger, Otto, Geschlecht und Charakter, Wien, Leipzig 1904
Wetzel, Hermann, Nachwort zu: Villiers de l'Isle–Adam, Eva der Zukunft, München 1972
Wuthenow, Ralph–Rainer, Muse, Maske, Meduse. Europäischer Ästhetizismus, Frankfurt/Main 1978
Zagona, Helen Grace, The Legend of Salome, Genève, Paris 1960

Bibliographischer Nachtrag

Die Untersuchung wurde im März 1981 abgeschlossen. Der folgende Nachtrag gibt eine Auswahl der seither erschienenen Forschungsliteratur.

Amrain, Susanne, My soul's body: Zur Psychogenese von Frauenbildern und Liebesbegriffen in der englischen Dichtung des 19. Jahrhunderts. Köln 1984.
Bammé, Arno, Günther Feuerstein u.a., Maschinen-Menschen, Mensch-Maschinen. Grundrisse einer sozialen Beziehung, Reinbek bei Hamburg 1983.
Becker-Cantarino, Barbara, "Frau Welt" und "Femme Fatale": Die Geburt eines Frauenbildes aus dem Geiste des Mittelalters, in: James F. Poag,

Gerhild Scholz-Williams (Hrsg.) Das Weiterleben des Mittelalters in der deutschen Literatur, Königstein/Ts. 1983.

Bennent, Heidemarie, Galanterie und Verachtung. Eine philosophiegeschichtliche Untersuchung zur Stellung der Frau in Gesellschaft und Kultur, Frankfurt/Main, New York 1985.

Braun, Christina von, Nicht Ich Ich Nicht. Logik, Lüge, Libido, Frankfurt/Main 1985.

Brückner, Margit, Die Liebe der Frauen. Über Weiblichkeit und Mißhandlung, Frankfurt/Main 1983

Erdheim, Mario, Die gesellschaftliche Produktion von Unbewußtheit, Frankfurt-/Main 1984.

Fischer-Homberger, Esther, Herr und Weib: Zur Geschichte der Beziehungen zwischen ordnendem Geist und anderen Impulsen, in: Esther Fischer--Homberger, Krankheit Frau, Darmstadt, Neuwied 1984.

Freise, Gerda, Die "Natur der Frau" und die Natur der Naturwissenschaften. In: 1999, Zeitschrift für Sozialgeschichte des 20. und 21. Jahrhunderts (I) 1986.

Gay, Peter, Erziehung der Sinne. Sexualität im bürgerlichen Zeitalter, München 1986.

Gendolla, Peter, Geregeltes Begehren. Zum Verhältnis von Technologie und Sexualität. In: Dietmar Kamper und Christoph Wulf, Die Wiederkehr des Körpers, Frankfurt/Main 1982.

Gorsen, Peter, Frauen und Frauenbilder in der Kunstgeschichte. In: Gisland Nabakowski, Helke Sander, Peter Gorsen: Frauen in der Kunst, Frankfurt/Main 1980. Bd.2.

Hassauer, Friederike und*Peter Roos,* Félicien Rops. Der weibliche Körper, der männliche Blick, Zürich 1984.

Hassauer, Friederike, Ist die Frau ein Mensch? In: Friederike Hassauer, Peter Roos (Hrsg.) Die Frauen mit Flügeln, die Männer mit Blei? Siegen 1986.

Heyden-Rynsch, Verena von der (Hrsg.) Riten der Selbstauflösung, München 1982.

Hillach, Ansgar, Thematisierte Verstümmelung. Weiblichkeit als dialektisches Stilleben bei Adorno, in: Ästhetik und Kommunikation, Heft 57/58: Intimität, 1985.

Hofmann, Werner (Hrsg.) Eva und die Zukunft. Das Bild der Frau seit der französischen Revolution, München 1986.

Lloyd, Genevieve, Das Patriarchat der Vernunft. "Männlich" und "weiblich" in der westlichen Philosophie, Bielefeld 1984.

Merchant, Carolyn, The death of nature. Women, ecology, and the scientific revolution, San Francisco 1980.

Merkl, Heinrich, Ein Kult der Frau und der Schönheit: Interpretationen zur französischen, italienischen und spanischen Lyrik des Fin de siècle, Heidelberg 1981.

Monikova, Libuse, Das totalitäre Glück: Frank Wedekind, in: NR 96 (I) 1985.

*Moog-Grünewald, Maria,*Die Frau als Bild des Schicksals. Zur Ikonologie der Femme fatale, in: arcadia 18, 1983.

Janz, Marlies, Marmorbilder. Weiblichkeit und Tod bei Clemens Brentano und Hugo von Hofmannsthal, Königstein/Ts. 1986.

Kittler, Friedrich A., Aufschreibesysteme 1800/1900, München 1985.

Le Rider, Jaques, Der Fall Otto Weiniger. Wurzeln des Antifeminismus und Antisemitismus, Wien, München 1985.

Oberhausen, Christina, Ich dagegen nenne Sie... Frank Wedekinds "Lulu" – ein Beispiel imaginierter Weiblichkeit, in: Ruth Großmaß, Christiane Schmerl (Hrsg.) Philosophische Beiträge zur Frauenforschung, Bochum 1981.

Rasch, Wolfdietrich, Die literarische Décadence um 1900, München 1986.

Schaeffer-Hegel, Barbara, Brigitte Wartmann (Hrsg.) Mythos Frau. Projektionen und Inszenierungen im Patriarchat, Berlin 1984.

Schaps, Regina, Hysterie und Weiblichkeit. Wissenschaftsmythen über die Frau, Frankfurt/Main, New York 1982.

Schickedanz, Hans-Joachim (Hrsg.) Femme fatale. Ein Mythos wird entblättert, Dortmund 1983.

Schlesier, Renate, Konstruktionen der Weiblichkeit bei Sigmund Freud, Frankfurt/Main 1981.

Schorske, Carl Emil, Wien. Geist und Gesellschaft im Fin de siècle, Frankfurt-/Main 1982.

Schröder, Hannelore (Hrsg.) Die Frau ist frei geboren. Texte zur Frauenemanzipation Band II: 1870–1918, München 1981.

Schulte, Günther, "Ich impfe euch mit dem Wahnsinn". Nietzsches Philosophie der verdrängten Weiblichkeit des Mannes, Frankfurt/Main, Paris 1982.

Skrodzki, Karl Jürgen, Mythopoetik. Das Weltbild des antiken Mythos und die Struktur des nachnaturalistischen Dramas. Bonn 1986.

Spickernagel, Ellen, Zur Beharrlichkeit von Frauenbildern. "Weibliche Lebensalter" im späten 19. Jahrhundert, in: Cordula v. Bischoff, Brigitte Dinger u.a. (Hrsg.) FrauenKunstGeschichte, Giessen 1985.

Stein, Gerd (Hrsg.) Femme fatale – Vamp – Blaustrumpf. Sexualität und Herrschaft, Frankfurt/Main 1985.

Stephan, Inge, "Bilder und immer wieder Bilder..." Überlegungen zur Untersuchung von Frauenbildern in männlicher Literatur, in: Inge Stephan und Sigrid Weigel, Die verborgene Frau, Berlin 1983.

Treut, Monika, Die grausame Frau. Zum Frauenbild bei de Sade und Sacher--Masoch, Basel, Frankfurt/Main 1982.

Wagner, Nike, Geist und Geschlecht. Karl Kraus und die Erotik der Wiener Moderne, Frankfurt/Main 1982.

Zinser, Hartmut, Der Mythos des Mutterrechts. Verhandlung von drei aktuellen Theorien des Geschlechterkampfes, Frankfurt/Main, Berlin, Wien 1981.

Abb.1)
Pierre Puvis de Chavannes: Hoffnung (um 1871)

Abb.2)

Franz von Stuck: Innocentia (1889)

Abb.3)
Dante Gabriel Rossetti: Venus Verticordia (1864–68)

Abb.4)
Franz von Stuck: Die Sünde (1893)

Abb.5)
Jean Delville: Das Idol der Verderbtheit (1891)

Abb.6)
Fernand Khnopff: Die Kunst (Die Zärtlichkeiten, die Sphinx) (1896)

Abb.7) *Jean Véber: Die Maschine (um 1900)*

Abb.8) *Jean Véber: Puppen (1900)*

Abb.9)
Gabriel von Max: Der Anatom (1869)

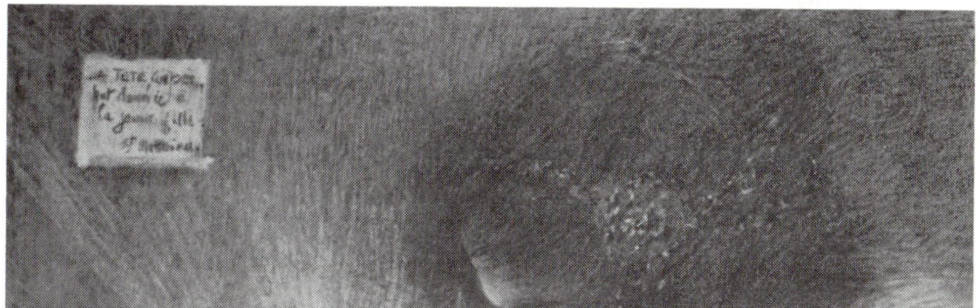

Abb.10)

Lucien Lévy – Dhurmer: Salome (1896)

Abb.11)
Gustave Moreau: Die Erscheinung (um 1874 – 76)

Abb.12)
Edvard Munch: Asche II (Nach dem Sündenfall) (1899)

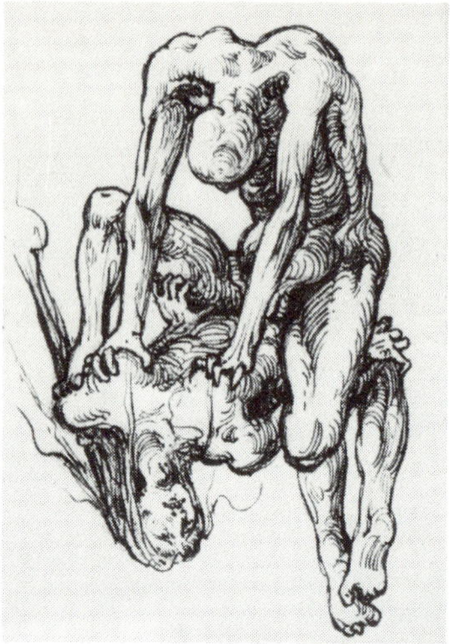

Abb.13)
Alberto Martini: Menschliche Leidenschaften: Der Sturz in den Abgrund (1904)

Abb.14)
Félicien Rops: Das Idol, Das Opfer (1883)

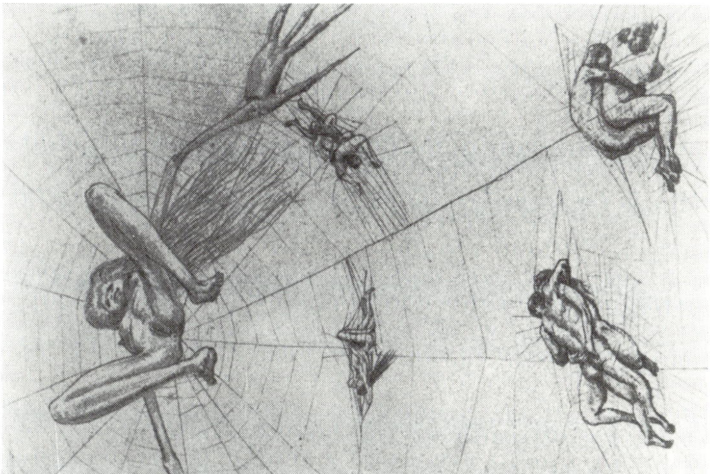

Abb.15)
Alfred Kubin: Die Spinne (um 1901/02)

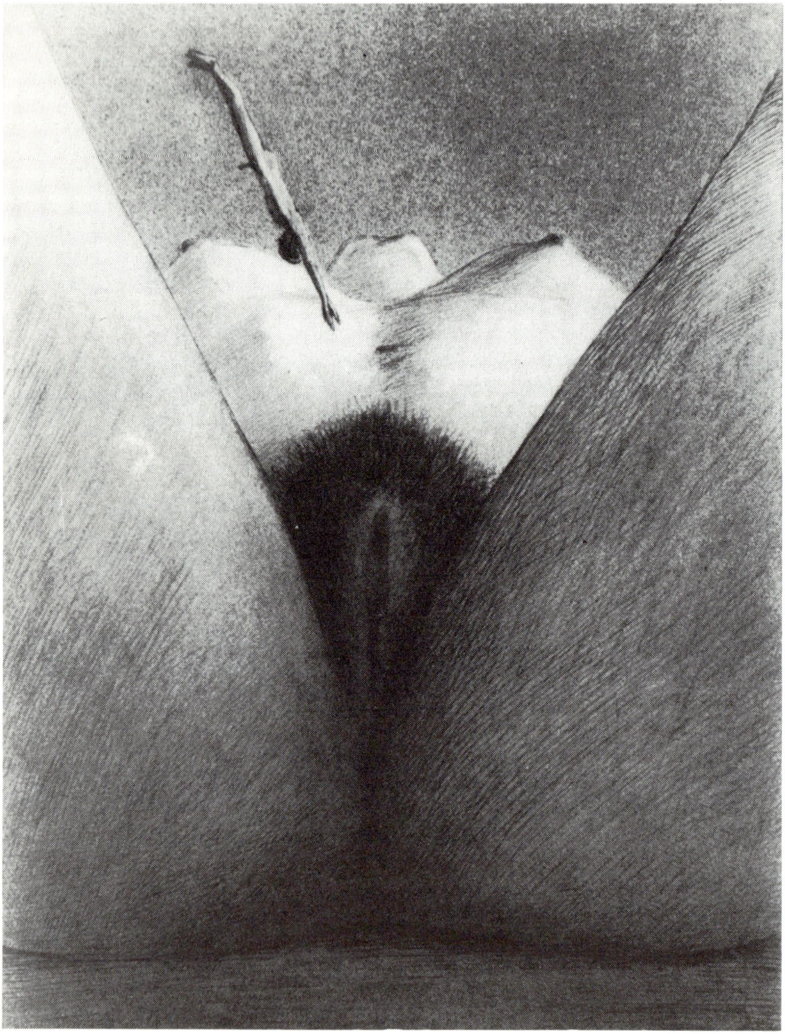

Abb.16)
Alfred Kubin: Der Todessprung (um 1901/02)

Abb.17)

Alfred Kubin: Alltagsmusik (um 1900)

Verzeichnis der Abbildungen